U0573570

大学英语教学理论与实践研究

洪 芳◎著

吉林出版集团股份有限公司

图书在版编目（CIP）数据

大学英语教学理论与实践研究 / 洪芳著．— 长
春：吉林出版集团股份有限公司，2023.4
ISBN 978-7-5731-3056-3

Ⅰ．①大… Ⅱ．①洪… Ⅲ．①英语—教学研究—
高等学校 Ⅳ．①H319.3

中国国家版本馆 CIP 数据核字 (2023) 第 045678 号

大学英语教学理论与实践研究

著　者	洪　芳
责任编辑	滕　林
封面设计	林　吉
开　本	787mm×1092mm　　1/16
字　数	220 千
印　张	9.75
版　次	2023 年 4 月第 1 版
印　次	2023 年 4 月第 1 次印刷
出版发行	吉林出版集团股份有限公司
电　话	总编办：010-63109269
	发行部：010-63109269
印　刷	廊坊市广阳区九洲印刷厂

ISBN 978-7-5731-3056-3　　　　　　　　　　　　定价：78.00 元

前　言

　　英语教学本身是一门语言学科的教学，其中所涉及的都是语言内容，而且教育的目的在于综合培育学生的英语实践能力。从本质上来讲，大学英语是学生学习英语的成熟阶段，这一阶段的学生已经具备一定的英语实践能力和意识，他们能够通过自己的英语思想展开相应的交流。

　　自改革开放以来，中国经济腾飞，人民生活显著改善，综合国力不断增强。英语不仅是人们交流和沟通的工具，还是提升国际竞争力的重要手段。在国际交往中，英语被广泛使用，已成为一种相对通用的语言，英语的普及性体现在国际政治、经济商贸、信息交流等各个领域。掌握了英语这种"武器"，能使我们更加有效地参与国际竞争。高等教育要培养能满足社会经济、科技文化等各个领域需要的具有国际竞争力的高质量人才，必须进一步改进大学英语教学模式。

　　本书就大学英语教学理论与实践研究做了详细的阐述。首先概述了大学英语的教学理念，大学英语教学大纲、教材与课堂教学。其次分析了英语教学模式理论以及大学英语教学模式实践。最后在大学英语听说教学理论实践、大学英语写作教学理论实践、大学英语阅读教学理论实践等方面进行了重点探讨。

　　本书在写作过程中查阅了大量的文献资料，借鉴了专家和学者的研究成果，在此对他们表示衷心的感谢。同时，本书观点新颖、语言朴实严谨、条理清晰，旨在为广大学生的英语学习提供理论与实践指导，同时也为英语教师的英语教学，以及其他志在从事英语教学的工作者、英语语言教学研究者和对英语教学感兴趣的人士提供些许可供借鉴的资源。

　　虽然本书的撰写经过长时间的酝酿和辛勤的劳动，但由于笔者水平有限，书中疏漏及错误之处在所难免，因此非常希望得到各位读者和同行的批评和指正。

洪　芳

2023 年 1 月

目　录

第一章　大学英语的教学理念

大学英语教学是高等教育的一个有机组成部分，大学英语课程是大学生必修的一门基础课程。大学英语是以外语教学理论为指导，以英语语言知识与应用技能、跨文化交际和学习策略为主要内容，并结合多种教学模式和教学手段为一体的教学体系。大学英语教学理念是开展大学英语教学的基础。

第一节　教学原则与理论基础

一、教学原则

（一）以学生为中心

学生是教学活动的主体与内在因素，因此在英语教学中应坚持"以学生为中心"的原则，充分发挥学生的主观能动性，从而使教学质量得以提高、教学任务顺利完成。

以学生为中心就是在教学过程中从学生实际出发（包括真实的学习目标、真实的学习机制、真实的学习动机、真实的学习兴趣、真实的学习困难等），设计和开展英语教学活动，鼓励学生参与、体验教学活动，使他们在整个活动中处于中心地位，从而培养学生的语言能力、交际能力和可持续发展能力等。

教与学是英语教学活动的两个重要方面，二者有着密切的关系。在英语教学中，既要发挥教师的主导作用，又要努力调动学生的学习积极性，树立以学生为中心的思想。只有将教与学协调并配合起来，才能提升英语教学质量。具体来说，教与学二者缺一不可。学生是学习的主体，要努力学习，勤学苦练；教师则要为学生的学习创造条件，并随时为学生提供帮助。换句话说，教师的教应建立在学生的学上，教学中的一切工作都应围绕学生的学进行，即英语教学应以学生为中心。

（二）交际性

英语作为语言，是人类最重要的交际工具之一。语言的最本质功能是交际。美国社会语言学家海姆斯（D.H.Hymes，1972）指出，交际是在特定语境中说话者和听话者、作者和读者之间的意义转换。由此我们便能总结出交际的以下四个特点：

（1）交际有口语和书面语两种形式。

（2）交际只在一定的语境中发生。

（3）交际需要两个及以上的人参与。

（4）交际需要两个或多个参与者之间的互动。

学习英语的目的在于用英语进行交际。而英语教学的目的是培养学生使用这种交际工具的能力。能够运用所学的语言知识在不同的场合对不同的对象进行有效得体的交际就是交际能力的核心。所以，在英语教学中我们必须贯彻交际性原则，使学生能够运用所学英语与人交流，要在教学过程中努力做到以下四点：

（1）充分认识英语课程的性质。

（2）注意培养学生语言使用的得体性。

（3）做到精讲多练。

（4）确保教学内容与教学活动的真实性。

（三）系统性

要认识英语教学是什么以及与交际的关系，还必须看到英语教学的系统性。系统是什么？American Heritage Dictionary（1982）对 system 下的定义是：A group of interacting, interrelated or interdependent elements forming a complex whole. 系统论的创始人贝特朗菲认为"系统"即有相互作用的元素的综合体。辩证唯物主义认为："我们所面对着的整个自然界形成一个体系，即各种物体相互联系的总体。这些物体是互相联系的，这就是说，它们是相互作用着的，并且正是这种相互作用构成了运动。"① 现在人们已经认识到无论是物质世界还是思维领域都具有系统性。大到人类社会是个系统，小到我们的人体也是一个系统，一个工厂、一个车间、一台机器都是系统。研究事物系统性的科学就是系统论。系统性原则的作用主要体现在三方面：首先，使学生对所学内容有比较系统、完整的概念。其次，能够建立起各个部分知识之间和新旧知识之间的联系。最后，能够清晰且有层次地消化所学内容。②

系统性原则要求教学内容的安排、教学要求的逐步提升和完成，应有一定的顺序和系统，要引导学生逐渐地、不间断地掌握知识和技能。知识和技能是逐渐地点滴积累和培养而成的。新的知识和技能是在旧的知识和技能基础上获得的，比较高的技能只有在最基本的技能基础上才能获得。只想培养较高的技能而忽视基本功的训练是达不到目的的，但仅仅停留在基础阶段，而不向较高的方面去发展，也不能完成学校的培养目标。为此，研究各年级的练习体系是个十分重要的问题。首先，科学的练习体系与提高教学质量有着密切的关系。其次，一门课程的系统知识和技能只能是长期地、逐步地、点滴地取得，而不是依靠短时期集中突击可以生效的。否则即使暂时取得某

---

① 恩格斯.自然辩证法［M］.郑易里，译.北京：生活·读书·新知三联书店，1950.

② 陈品，赵文通.大学英语教学理论与实践 2014［M］.天津：南开大学出版社，2015.

些知识和技能，也很快就会遗忘。所以，这就需要教师在教学中坚持系统性原则。要遵循系统性原则，应从下面四方面入手：

（1）教学内容的安排要有严密的计划和顺序。

（2）教师应该有计划、有步骤地进行教学工作。

（3）指导学生系统连贯地进行学习。

（4）要注意各年级语言材料、知识、技能之间的衔接。

（四）真实性

所谓真实性原则就是为了提高英语教学质量、教学效率和教学成绩，英语教师应该对教育因素的真实内涵，尤其是英语教育的真实目的，以及学生的真实学习目的和动力、真实学习兴趣、真实学习困难和真实的英语学习动机等有所了解，并保证英语教学中的语义、语境、语用材料、教学过程、教学策略、教学方法和技巧以及教学技术等因素的真实性。在英语教学中，遵循真实性原则就是保证各个环节的真实，以培养学生的综合语言运用能力为总目标，以交际法和任务型教学为策略，在真实的环境中获得真实的语言能力。[①]

在英语教学中要实现真实性原则，需要做到以下四方面：

（1）把握真实语言运用的目的。

（2）采用语用真实的教学内容。

（3）设计组织语用真实的课堂教学活动。

（4）设计编排语用真实的教学检测评估方案。

（五）循序渐进性

所谓循序渐进性原则，是指教学活动要结合学科的逻辑结构和学生的身心发展情况，有次序、有步骤地进行，使学生能够有效地掌握系统的知识，促进身心的健康发展。这一原则既是科学知识发展的客观要求，也是教学遵循学生身心发展规律的反映。循序渐进有利于将学生的已有知识、生活经验及好奇心联系起来，有助于他们认清事物发生及发展的过程，明晰所学内容的条理，逐步掌握解决问题的方法，形成解决问题的能力。贯彻这一原则需要做到以下三方面：

（1）精心设计每个教学环节，明确各个教学环节的目标，选择最佳的方法及手段，使知识的呈现生活化和生动化，使形象向抽象逐步过渡，实现操作技能与逻辑思维发展的有机结合。

（2）保证每个教学环节过渡得自然，做到承上启下。

（3）有序拓展知识网络，懂得每一次的学习都是知识的又一次积累和补充，以便形成较为完整的知识体系。

---

① 姜涛.大学英语写作教学理论与实践［M］.长春：吉林出版集团股份有限公司，2009.

（六）发展性

教学是传授知识的过程，也是促进学生身心发展的过程。在传授知识的同时，促进学生的身心发展是教学过程的客观要求。教学的发展性规律主要是指在教学过程中，在传授知识的同时，也影响以智力为核心的身心发展，学生以智力为核心的身心发展影响着学生对知识的掌握。据此，我们着重分析一下掌握知识与发展智力之间的关系。在教学过程中，向学生传授知识和发展学生智力并不是相互对立和相互排斥的，而是相互促进、相互影响、相辅相成的。所以，学生的发展可以被看成是一个生命整体的成长，并且这个发展过程既有内在的和谐性，又有外在能力的多样性以及身心发展的统一性。要实现英语教学的发展性，需要做到下面三点：

（1）教师要关注每个学生的成长，以保证所有学生都得到发展。

（2）充分挖掘课堂存在的智力和非智力资源，并合理、有机地实施教学，使之成为促进学生发展的有利资源。

（3）为学生设计一些对智力和意志有挑战性的教学情景，激发他们的探索和实践精神，使教学充满激情和生命气息。

（七）文化导入原则

众所周知，语言是文化的载体，语言离不开文化，语言也不能脱离社会而存在。此外，语言还是了解社会现实生活的导向。通过语言特征的分析和使用过程，可以了解一个民族的思维以及生活特点。可以说，语言是每个民族文化风俗习惯的一面镜子，也是文化的表现形式。因此，在进行英语教学时要重视英语国家民族的文化和社会习俗，帮助学生了解其中的文化差异，拓宽视野，不能穷追，不能回避，也不能胡乱解释或更改。因为学英语是为了用英语，用英语是一种文化交际，如果不尊重英语民族文化，也就很难得体地使用语言，会进一步妨碍彼此的沟通。2001 年教育部制定的《全日制义务教育普通高级中学英语课程标准》中明确指出："此次英语课程改革的重点就是要改变英语课程过分重视语法和词汇知识的讲解与传授、忽视对学生实际语言运用能力的培养倾向，使语言学习的过程成为学生形成积极的情感态度、主动思维和大胆实践、提高跨文化意识和形成自主学习能力的过程。"普通高中的英语教学要求尚且如此，大学英语教学更要注重文化的导入。

在英语教学活动中，我们可以从以下四方面来进行文化教学：

（1）注意捕捉教材中的文化信息。

（2）运用真实的情景教授文化知识。

（3）认真分析中西方文化的差异。

（4）充分利用多媒体与网络进行教学。

（八）可持续发展原则

在完成基础英语教学阶段的学习之后，学生还要向更高级别的英语教学阶段发展，继续进行英语学习。因此，在英语教学中，教师就要坚持可持续发展原则，在实践中自觉地为学生打好向高级阶段学习的基础。具体可从以下两方面入手。

1. 做好知识的前后正迁移

遗忘是学习任何知识都不可避免的问题，所以我们必须通过巩固来习得语言知识。不过，仅凭消极的巩固往往得不到满意的效果，因此需要在教学中培养学生的英语实践能力，也就是在发展中达到巩固，以巩固求发展。而巩固性和发展性需要会在概念同化、知识和技能的迁移中体现出来。例如，在讲解间接引语 "Granny told you not to be late for school" 这一新句型时，需要由学过的旧句型 "Don't..." 引入。可以说，在讲解句型 "Don't be late for school" 时也对旧句型进行了复习，这就达到了巩固的目的，提高了 "Don't..." 的可利用性。但新旧句型还是有一定区别的，其关键是要将 "don't..." 改成 "not to..."。因此，教学中应尽可能地通过各种方法来增大正迁移量，以便学生更好地掌握知识和实践能力。

2. 培养学生学习英语的正确态度

结合学习内容讨论情感问题。在日常的英语课堂教学中，教师要注意融入积极情感态度的培养，针对学生学习过程中出现的具体问题进行具有针对性的引导，帮助学生解决情感态度方面的问题。建立情感态度的沟通渠道。情感态度的沟通和交流渠道可以通过教师在课堂教学中建立起来，如建设融洽、民主、团结、相互尊重的课堂氛围等。有些情感态度可以集体讨论，有些问题则需要师生进行有针对性的单独探讨。但在沟通和讨论过程中，教师要注意尊重学生的感受，避免伤害学生的自尊心。同时，情感具有外在和内在的表现，教师要仔细观察，了解学生的情感态度，以培养学生积极的情感，消除消极的情感。

二、理论基础

（一）比较语言学

19 世纪，在语言研究内部发展需求的推动下，在比较解剖学、生物进化学说等自然科学以及其他因素的影响下，语言学家开始将语言作为一个独立的对象进行研究，并形成历史比较的研究方法，从而形成语言学史上的第一个相对独立的学派——历史比较语言学，是把两种或两种以上的语言放在一起加以共时比较或把同一种语言的历史发展的各个不同阶段进行历时比较，以找出它们之间在语音、词汇、语法上的对应关系和异同的一门学科。利用这门学科既可以研究相关语言之间结构上的亲缘关系，找出它们的共同母语，或明白各种语言自身的特点对语言教学起到促进作用，又可以找出语言发展、变化的轨迹和导致语言发展、变化的原因。比较语言学起源于18世纪的欧洲，被广泛应用于19世纪的印欧语的研究中，并获得了较大的成果。

（二）结构主义语言学

结构主义语言学认为语言是一个内部相对独立的、自足的抽象符号系统，关注语音、词素、单词、短语、句子等语言单位在整体符号系统中的地位，主要从共时角度对各语言成分之间的关系进行描述。索绪尔的结构主义语言学理论主要产生了以下两个影响。

1. 为现代语言学的研究指明了方向

索绪尔除系统地阐述了语言的符号性质，明确了现代语言学的研究方向，还规定了语言学研究的任务，即把语言作为一个单位系统和关系系统进行共时的结构描写和分析，目的是揭示语言结构的共时特点和规律，从而认识语言的本质。在索绪尔结构主义语言学理论的影响下，20世纪二三十年代，语言学从历时研究转向了共时分析，语言学界不仅出现了结构主义的三大流派（哥本哈根学派、布拉格学派、美国描写语言学派），还启发和影响了其他学派（如伦敦学派、莫斯科学派以及后来的系统功能语法、生成语法等）。

2. 为现代语言学奠定了方法论基础

根据结构主义的基本理论，索绪尔对语言做出了几种相互关联的要素：语言和言语、共时和历时、内部和外部，并且提出语言各个层面的要素都存在两种根本的关系，即对立与互补、组合与聚合。索绪尔的这些分析和思考不仅确定了语言研究的范围，还确定了结构主义语言学的方法论基础。①

（三）社会语言学

语言是人类社会的特殊现象及最重要的交际工具，语言离不开社会，语言学必然也离不开社会学。人类语言的发展与社会发展密切相关，相互依存，语言不可能离开社会而独立存在，没有了语言人类社会就会停滞和崩溃。人类虽然有语言的生理本能，但离开了社会环境就会丧失这种本能，即语言习得也离不开社会。社会语言学就是研究语言及社会的相互关系、相互作用、相互影响的学科。它是指运用语言学和社会学等学科的理论和方法，从不同的社会科学的角度去研究语言的社会本质和差异的一门学科。社会语言学的观点是：语言的最本质功能是语言的社会交际功能。海姆斯认为，社会化的过程是一个儿童习得母语的最好环境，这不仅能使他们理解本族语的习惯并说出符合语法的句子，而且能在一定的场合和情景中恰当地使用语言。1996年，海姆斯提出了"交际能力"理论。他指出，交际能力是运用语言进行社会交往的能力，既包括言语行为的语法正确性，又包括言语行为的社交得体性；既包括语言能力，又包括影响语言使用的社会文化意识的言语能力。

---

① 任梅.新时代大学英语教育教学理论与实践研究［M］.成都：四川大学出版社，2018.

（四）行为主义心理学

行为主义产生于20世纪50年代的美国，华生（J.B.Watson）和斯金纳（B.F.Skinner）是它的代表人物。华生认为，人和动物的行为有一个共同的因素，即刺激和反应。心理学应该只关心外部刺激怎样决定某种反应，而不应去管行为的内部过程。他还指出，动物和人的一切复杂行为都是在环境的影响下由学习获得的。斯金纳在其出版的《科学与人类行为》[①]一书中，提出了行为主义关于言语行为系统的看法。他认为，人类的言语、言语的每一部分都是由于某种刺激的存在而产生的。这里的"某种刺激"可能是言语的刺激，也可能是外部的刺激或内部的刺激。关于斯金纳的条件反射理论，下面举了一个非常恰当的例子：一个人口渴时会说："I would like a glass of water."斯金纳还指出，人的言语行为跟大多数其他行为一样，是一种操作性的行为，是通过各种强化手段获得的。所以，课堂上如果学生做出了操作性的反应，教师要及时给予强化，学生回答正确就说"好"或"正确"，回答错误就说"不对"或"错了"，这样学生的言语行为就会得到不断强化，发生错误的可能性就会降低，从而学会使用与其语言社区相适应的语言形式。语言学习是在不断强化的过程中形成的。当反应"重复"出现时，学习就发生了。

（五）人本主义心理学

人本主义心理学追求"以人为本"和"以整体人为对象"的理论宗旨。因为人本主义心理学存在着与行为主义心理学和精神分析学派不同的理论旨趣和思维方法，所以心理学界把人本主义心理学称为心理学中的"第三种势力"。人本主义学习理论的观点如下。

（1）人本主义学习理论强调人的价值，重视人的意识所具有的主观性、选择能力和意愿。

（2）人本主义学习理论认为，学习是人的自我实现，是丰富人性的形成。

（3）人本主义学习理论强调，学习者是学习的主体，应该得到尊重，任何正常的学习者都有能力教育自己。

（4）人本主义学习理论还提出，人际关系是学习者有效学习的重要条件，它在学与教的活动中创造了"接受"的氛围。

总而言之，语言学习既离不开教师对语言知识的传授，又离不开大量的语言实践活动；学习语言的目的是交流信息、沟通思想，因此教师与学生面对面的语言交流和互动才是最有效的学习途径。因为情感因素是人本主义学习理论的最大特点，所以教师在语言教学中，要坚持以学生为中心，突出学习过程和自我实现的价值，认真贯彻"以人为本"的原则。

---

① 斯金纳.科学与人类行为［M］.谭力海，译.北京：华夏出版社，1989.

（六）发生认识论

瑞士著名心理学家皮亚杰（J.Piaget）在 20 世纪 60 年代初提出并创立了发生认识论。发生认识论是综合运用哲学、心理学、逻辑学、生物学等基本理论，研究什么是知识、知识从何处来，以及认识的形成条件等，着重探究知识的个体发展和历史发展。该理论试图以认识的历史、社会根源以及所依据的概念和"运算"的心理起源为根据来解释认识，特别是解释科学认识。发生认识论主要研究知识是如何形成和发展的。

皮亚杰指出，不管人的知识多么高深、复杂，都是从童年时期开始的，甚至可以追溯到胚胎时期。因此儿童从出生时起，怎样形成认识，如何发展智力思维，它受哪些因素的制约，它的内在结构是怎样的，各种不同水平的智力、思维结构是按怎样的顺序出现的，等等，都是值得探究和思考的问题。

（七）建构主义理论

建构主义理论是由认知主义学习理论发展而来的，它从认识论的高度提出了认识的建构性原则，强调了认识的能动性。建构主义的代表人物有：皮亚杰、科恩伯格（O.Kernberg）、斯滕伯格（R.J.Sternberg）、卡茨（D.Katz）、维果斯基（Vogotsgy）等。在皮亚杰提出的"认知结构说"的基础上，科恩伯格进一步研究了认知结构的性质与发展条件；斯滕伯格和卡茨等人强调人体的主动性在建构认知结构过程中的作用，并探索了认知过程中如何发挥个体的主动性；维果斯基提出的"文化历史发展理论"重视学习者所处的社会文化、历史背景在认知过程中的作用，并提出了"最近发展区"理论。这些研究进一步丰富和完善了建构主义理论，为理论更好地应用于教学创造了条件。

建构主义理论的基本观点是，学习需要在教师的指导下坚持以学生为中心的原则。也就是说，该理论主张学生是信息加工的主体，是意义的主动建构者，而不是外部刺激的被动接受者和被灌输的对象。教师是学习意义建构的帮助者和促进者，而不是知识的传授者和灌输者。直到 20 世纪 90 年代，随着科学技术的迅猛发展，多媒体和网络技术为建构主义理论学习环境提供了技术支持，使得建构主义学习理论教学设计思想得以实现。

（八）第二语言习得理论

作为一门独立的学科，第二语言习得理论真正形成于 20 世纪 70 年代。该理论的主要代表人物是美国南加州大学语言学系的教授克拉申（S.Krashen）。克拉申是在总结自己和他人经验的基础上提出的这一理论。该理论共包含五个假设，即习得 / 学习假设（the acquisition/learning hypothesis）、自然顺序假设（the natural order hypothesis）、监控假设（the monitor hypothesis）、输入假设（the input hypothesis）和情感过滤假设（the affective fiber hypothesis）。

1. 习得 / 学习假设

根据习得和学习假设，培养外语能力主要有两种途径：习得和学习。习得是一种自然的方式，它是一种不被察觉的过程。学习者在有意义的交际中，通过对语言的理解和使用，自然地形成使用语言的能力。而学习则是一种有意识地学习语言规则的过程。学习的目的是弄懂语言知识，并能表述出语言的规则。

对"习得"和"学习"的区分，以及对它们各自在习得者第二语言能力形成过程中所起的作用的认识，是克拉申理论的出发点和核心。在习得 / 学习假设中，克拉申将学习和习得明确地分开，他将习得看作是在学习者无意识的状态下获得语言的过程，学习是学习者有意识地通过课堂学习等方式获得语言的过程，甚至可以说，习得和学习的知识处在大脑的不同部位。

2. 自然顺序假设

据研究发现，正如第一语言习得一样，第二语言习得也揭示出一种可以预见的顺序习得语言规律。学习者对某些规则掌握时间的快慢并不仅仅由规则的简单或复杂决定，最简单的规则不一定是最先习得的规则。即使在第二语言教学的课堂上，同样存在这种自然顺序。不管是否接受正规课堂教学，外语学习者总是以一种大致相同的顺序来习得第二语言。如一般现在时中，第三人称单数要加"-s"，这个规则十分简单，但即使高水平的第二语言习得者在其语言产出中也往往无法正确地使用它。

3. 监控假设

监控假设与习得 / 学习假设有着紧密的关系，它体现了语言"习得"与"学习"的内在关系。语言习得系统（潜意识语言知识）才是真正的语言能力。而语言学习系统（有意识的语言知识）只在第二语言运用时起监控或编辑的作用。这种监控作用既可发生在语言输出前也可能发生在其后。

需要指出的是，监控能否发挥作用还取决于三个条件。

（1）要有充足的时间。

（2）必须将注意力放在语言形式的正确性上。

（3）需要知道如何运用规则。

4. 情感过滤假设

"情感过滤"是一种内在的处理系统，它在潜意识上以心理学家称之为"情感"的因素阻止学习者对语言的吸收，它是阻止学习者完全消化其在学习中所获得的综合输入内容的一种心理障碍。

5. 输入和输出假设

输入假设也是由克拉申提出的重要的语言习得理论。他认为，只有习得者接触到"可理解的语言输入"，即比现有的语言技能水平略高，而他又将注意力集中在对意义或对信息的理解而不是对形式的理解上时，才能产生习得。这一理论的公式为：i+1（i 表示习得者现有的语言技能水平，1 表示略高于习得者现有水平的语言材料）。

克拉申的输入假设和斯温（Swain）的输出假设是从两个不同的侧面来讨论语言

习得的观点，都含有合理成分，都对外语教学有一定的启示。与克拉申的输入假设不同，斯温认为，输出对第二语言习得的影响更大。斯温根据自己的"沉浸式"教学实验，提出了输出假设。她认为语言输入是第二语言习得的必要条件，但不是充分条件；要使学习者达到较高的外语水平，除了靠可理解性输入，还需要可理解性输出；学生需要被迫利用现有语言资源，对将要输出的语言进行构思，保证其更恰当、更准确，并能被听者理解。这样既可以提高学习者语言使用的流利程度，又能使他们意识到自己在使用语言过程中存在的问题。因此，在外语课堂教学中，教师应给予学生足够的时间和机会使用语言，以提升他们使用语言的流利性和准确性。

第二节 大学英语的教学因素

一、国家教育政策

中国特色的管理模式包括国家教育部门对高校的管理模式，这一点也充分地反映在大学英语教学中。或许是管理或指导大学英语教学的管理者和指导者由于自身专业等方面的原因，大学英语教学的管理在结合我国实际教育状况的同时也借鉴了一些国外语言教学方面的做法。例如，全国性的大学英语四、六级考试，与其他学科相比不仅组织得严密得当，而且影响日益增大，甚至每年四、六级考试期间，其相应的附属产品就充斥着面向高校学生的书店。而且各高校在组织应对大学英语四、六级考试期间都如临大考，学校需调动尽可能多的人力和可利用的考场才能使考试顺利进行。大学英语四、六级考试是国家教育政策与法规对大学英语教学作为一个重要影响因素的恰当例子。[①]

除了大学英语四、六级考试，教育部颁布的任何一项有关大学英语教学的规章制度都对大学英语教学产生了深远影响。例如，由教育部高等教育司制定并由教育部办公厅颁布的《大学英语课程教学要求》（2008 年）详细地描述了大学英语教学的性质和目标、教学要求、课程设置、教学模式、教学评估、教学管理等。大学英语教学是高等教育的一个重要组成部分，是大学生的必修公共基础课程，是以英语语言知识与应用技能、学习策略和跨文化交际为主要内容，以外语教学理论为指导，并结合多种教学模式和教学手段为一体，是一门提高学生综合人文素质的重要课程。总的来说，大学英语教学改革对大学英语教学产生了以下三个积极的影响。

（1）此次改革促进了学生的英语综合应用能力，尤其是听说能力和自主学习能力的提高，学生成为大学英语教学改革的直接受益者。

---

① 吴丹，洪翔宙，王静．英语翻译与教学实践［M］．长春：吉林人民出版社，2017.

（2）此次改革使大量新型的复合型大学英语教师涌现出来，他们十分熟悉外语教学的相关理论，有着较强的英语运用能力，能合理地运用现代教育技术，并能灵活地使用计算机进行教学。在改革过程中，教师改变了自己的教学理念，并将这些理念转变为自觉的教学行为，努力转换角色，将自己变成英语教学的指导者、促进者、监控者和管理者。

（3）大学教学改革还对大学英语教学管理机制的健全做出了较大贡献。此次教学改革促使学校管理的措施更加有力、教学文档更加齐全，有的学校还采用了项目驱动、绩效管理的方式，形成了激励机制，还有一些学校形成了校园二级督导和师生教学评价机制，形成了健全的保障机制。

二、社会需求与环境

随着中国经济的快速发展，对具有英语（或者其他外语）语言能力的人才的需求越来越大、越来越高。越来越多的中国人和中国企业走出国门，越来越多的外国人和外国企业也走进了中国，这些都引发了中国人学习英语（或者其他外语）的热潮，同时也掀起了中国外语包括英语教学和学习的热潮。大学英语四、六级就是在这种形势特点的时代召唤下逐步成长和壮大起来的，同时它也对大学英语教学和学习起到了相当程度的反拨作用。社会的这种需求使大学英语教学显得越来越重要。但是，对不同人才的具体要求是不尽相同的，如社会急需一些高端的同声传译人才。随着我国与世界交流的日益频繁以及国际地位的日益攀升，我国专业的同声传译人才的需求会越来越大，可是真正的专业同声传译人才却供不应求。许多企业或组织高薪聘请同声传译人才，却很难得到满足。同样，我国对英语专业人才的需求量也很大。事实上，当前社会对外语人才的需求已发生了较大变化。相关部门的调查显示，目前，市场对纯外语人才的需求并没有大家想象的那么大，更需要一些具有广博知识的人才。现在我国懂外语的人数有很多，但能熟练使用外语的工程技术人才却很少。机械、化学、工艺、软件等专业的技术工程师本身就非常紧缺，懂外语的就更加稀少，想找到符合公司或企业要求的人才就显得十分困难；同样，金融、IT、电子、通信等行业也有这种情况发生。据了解，当前有很多 IT 行业都在实行软件外包，外语对项目开发有着关键性的作用。从事这些项目的技术人员仅凭几百个专业词汇是不足以读懂计算机科技类文章的，因此，外语水平的高低直接决定着从业人员的发展前途。此外，我国还需要非专业领域的外语人才，如外交官、科研人员和外企员工等，这类人才需要具备与其工作相关的外语能力。对于普通的群众，只需要具备大众层次的外语能力，可以在一定场合或机会下用英语进行简单的交际即可。当然，还不乏一些因为个人业余爱好而学习外语的人，这也是社会对外语的一种需求。

总而言之，我国社会经济发展的需求与社会环境对大学英语教学的影响是很大的。社会对英语人才的需求量越大、质量越高，对大学英语教学的推动力就越强。

三、学校法规与环境

学校是培养人才的基地，是国家教育法律和法规的执行机构，是培养社会所需人才的摇篮，一所学校在制定相关教学法规和文件时对其培养人才的教学活动起着重要的制约作用，而一所学校的校园文化、学习环境对其人才的培养同样起着重要的作用。其具体影响和作用主要是通过以下三方面体现出来的：课程与学分设置、课程设计与教学大纲制定、课堂教学及校园第二课堂的组织与管理等。

四、教师及其环境

教师是大学英语教学的重要因素之一，在英语教学中起着主导作用。在大学英语教学中，教师一般会扮演两种角色，即掌控者和引导者。作为一位合格的英语教师，首先应该具有纯正的英语发音。然而，并非所有的英语教师都具备这一能力，所以教师可借助 VCD、广播以及多媒体等手段来弥补自己的不足，保证学生能听到纯正的英语发音。另外，在讲解单词、句子、课文时，教师应进行必要的解释，要反复讲解难懂的知识点。

在英语课堂上，教师的讲话往往占据了课堂的大部分时间。不可否认，教师的讲解有利于学生掌握语言知识，但也不能因此霸占了学生的练习时间。同时，教师还要注意采用多样的教学形式，以增强课堂趣味性。一个有着丰富经验的英语教师应该有极强的应变能力，能预测课堂活动中出现的状况，能很好地处理课堂上的突发事件，以确保课堂活动的有序展开。

教师还要不断改变自己的提问方式、语言运用方式和提供反馈的方式。在英语课堂上，提问是一种教师常用的教学策略。通过提问，可以有效激发学生的学习兴趣，促使学生积极思考，帮助教师启发某些知识结构。此外，语言运用的方式也很重要，为了让学生对所学知识有一个充分的了解，教师在教学中可以采用重复话语、降低语速、增加停顿、改变发音、调整措辞、简化语法规则、调整语篇等措施。

提供反馈是指教师对学生的学习情况做出反馈。教师的反馈可以是对学生话语的回答，如表示学生回答正确或错误、赞扬鼓励、拓展学生的答案、重复学生所答、总结学生回答、批评等。

综上所述，教师是大学英语教学的实施人，是大学英语学习者的亲密伙伴，是大学英语教学不可或缺的关键要素，教师及其环境对大学英语教学有着至关重要的作用。

五、教材与教法

（一）教材

教材分广义和狭义两种。狭义上的教材是指严格意义上的教材，也是教学中使用的主干教材，对于我国大多数英语学习者来说，他们使用的大多是这类教材，通过对这种教材的学习可以掌握大量的知识和技能。历史上这类教材在教学过程和体系中始终占有重要的地位，直到今天它也依然占据着主导地位。而广义的教材就是一些教学的辅助材料或相关教学材料，还包括利用现代教育技术而生成的电子版教学材料和网络学习以及软件学习材料。现如今我们使用的教材是以上两者的结合。教育管理部门对教材也做了科学的解释："凡是有利于学生增长知识或发展技能的材料都可称作教材。"① 鉴于教材在教学中的重要地位和影响，只有教师有着正确、全面的教材观，才能够充分发挥教材的优势和作用，发挥教和学的多元化、多渠道、多方位功能，最大化地提高教学效率，从而提高教学效果。

此外，语言教材与其他学科的教材是有区别的。大学英语教材所承担的任务比其他教材还要艰巨。首先，教材要坚持科学的语言学习观，即通过教材的编写向学习者输入一定的语言学习理念。其次，教材要尽可能地根据学习者的学习规律和需求为其提供大量的语言素材，使学习者在不利的语言学习环境下也能提高学习效率。

如果将大学英语教学过程看成一个链条，课堂教学则是整个教学链上的一环，而教材只是这里的一种载体或媒介，甚至只是一个课本而已，但在缺少语言学习环境的条件下，就是这个小角色，承载着课堂教学的希望。可见，教材对英语课堂教学有着至关重要的作用。②

（二）教学方法

此处教法指的是教学理论、方式、方法和途径。在大学英语教学过程中，具备了等同的教师、教材、学生等教学要素，教学效果却时常会大不相同，因为这里还存在着许多的变量。例如，由于教学方法的不同，即使是同一个教师，运用相同的教材，面对近乎相同的学生，其教学效果也会大不一样。而不同的教师运用不同的教材和不同的教学方式与方法来教不同的学生则会对教学效果产生千差万别的影响和作用。教学过程中的任何变量都会对教学过程产生影响，直至影响最终的教学效果。教法不同，也会对其他关键的教学要素诸如教师和学生等产生影响，自然也会影响教学效果。

六、学生及其环境

学生及其环境指的是学习者个人及其学习环境，这里同样包括的不仅仅是学习者个人及其周围小环境，而且包括学习者群体及其学习的大环境。学生是整个教学链中的最后一个环节，也是最为重要的一个环节，因为前面所有步骤和环节的努力都是为了这最为重要的接受教育的主体服务的。学习者学习效果的最优化是整个教学过程和教学活动的终极目标，而学习者这个群体及其共同学习产生的大环境将直接影响大学英语教学的效果。在英语教学中，学生通常会扮演以下四种角色：

① 胡定荣.教材分析：要素、关系和组织原理［J］.课程·教材·教法，2013（2）：17-22.
② 张敏.大学英语教育教学理论与实践探究［M］.北京：中国商业出版社，2018.

（1）主人。学生是英语教学的主人。学生对知识的探索、发现、吸收以及内化等实践都有利于知识体系的构建，有利于形成科学的世界观、人生观和价值观。

（2）参与者。作为英语教学活动的重要参与者，学生还应积极主动地参与到各项活动中，积极思考，勇于表达自己的观点，展示个人才能。

（3）合作者。英语课堂活动是师生之间及学生之间共同进行的，因而团队合作是不可缺少的。在合作中，他们可以相互学习、相互帮助，共同提高。

（4）反馈者。在英语教学中，学生对教学的反馈是教师教学的重要依据。学生可以结合自身的学习经历和教学法的实用性向教师提出建议或意见，并协助教师改进和完善教学内容和教学方法，从而提升教学效果。

一般来讲，学生群体及其共同学习产生的大环境将会对大学英语教学产生巨大的影响，具体由以下因素产生。

（1）学生本身已具备的语言知识资源将对其未来语言学习产生影响。

（2）学生本身的学习动机对大学英语教学也有很大的影响。

（3）学生的年龄对学习也有很大的影响。

影响学习者学习效果的还有一些其他因素，如心理、兴趣、性格和学习策略等。由于学习者是学习的主体，其结果必然是与这个主体相关的很多因素都会对学习的效果产生一定的影响。同样道理，这些因素对大学英语教学也会产生影响。

第三节　大学英语的教学方法

一、情景教学法

（一）情景教学法概述

情景教学法又称视听法，是指教师根据课程内容，利用实物、图片、电教设备、动作表演及学生的真实心理，要求学生根据实际情景进行交际学习，面对复杂多变的因素做出独立的判断和灵活的应对。

情景法是20世纪30年代至60年代由英国应用语言学家创立的英语教学法。创立现代英语课堂教学理论与实践方法的主要代表人物有帕尔默和霍恩比（Harold Palmer & A.S.Hornby）。它是由建构主义理论、情景认知理论等多种学说汇集而成的，而且符合人类大脑的活动过程。根据生理学家的有关研究，人体大脑的左半球主要负责执行语言、逻辑、数学和书写等分析性的任务，而大脑的右半球则负责处理空间概念、图表、图案、音乐、颜色等直观性的事物。虽然大脑的两个半球分别执行不同的任务，但二者并非孤立运行，而是相互补充、相互支持、相互协作的。情景教学法既注重听说，又重视身临其境的表演。通过这种方式进行英语教学，可以保持两个脑半球始终处于兴奋的状态，使思想高度集中，有利于加深学习者的印象、提高其记忆效果。甚至一些学生在课堂上临时表演的几分钟内，就可以记住一个短语、句子，甚至是一段话，并且能保持长时间的记忆。

（二）应用到大学英语教学中的作用

1. 有利于活跃课堂气氛

英语教学应在真实情景或模拟情景中进行，而英语学习需要社会互动和合作，这既是情景教学的重要组成部分，也是情景教学产生的必要前提。在情景教学法中，教师可以引导学生模拟各种情景，如问路、购物、打电话等，学生扮演各种角色，能够反复使用一些词汇和句式，从而更好地掌握语言知识。情景教学法形式多样，内容活泼有趣，能有效地集中学生的注意力，驱散学生的疲劳感和厌倦感，充分调动学生的兴趣，活跃课堂气氛。[①]

2. 有利于强化社会技能体验

情景教学法可以使学生在真实情景中灵活地运用自己的语言和交际技巧，进而完成不同的学习任务。这种真实的情景模拟教学可以使学生在实践中学习，强化意识，深化有关社会技能的体验及感受。在各类实战的情景教学中，学生能够积累大量的理论知识，提高应变能力，从而使他们的社会技能得到强化和提高。

3. 有利于掌握地道的英语

英语中许多单词和句子在不同的情景中具有不同的意义。例如，"It's on me today."在特定的环境中有"今天我请客"的意思，如果没有特定的环境，那么就很难把握其确切含义。所以，在英语教学中模拟真实的语言情景有利于学生较快地掌握单词和句子的用法，从而习得地道的英语。

（三）方法

进行情景教学的方法主要有下面五种。

（1）激活情景。通过激活情景的方法开展英语教学可以有效提高学生的学习热情，强化他们的求知欲。如今市面上出现的很多英语教材都采用彩色图画的形式，还伴有大量的情景对话，教师应充分利用这类教材，加深学生的印象。此外，教师还要在上第一堂课时让每个学生都取一个英文名字，并要求他们经常使用这个名字，使学生产生身临其境的感觉，这也是激活情景的有效方法。

（2）创设情景。教学情景创设的策略多种多样，它因人因时而异，依靠教师的经验和教学规律来择定。例如，在教授有关工作的知识时，可以让学生用英语描绘自己以后想要从事的工作，也可以介绍家人的工作，或者进行情景对话，让学生感受到

---

① 张敏.大学英语教育教学理论与实践探究［M］.北京：中国商业出版社，2018.

英语在日常生活中的实用性。总之，创设情景可以激发学生的表达欲望，从而调动学生的参与积极性。

（3）渲染情景。受客观条件的限制，在课堂上模拟情景一般无法达到预期的效果。而通过渲染情景的方法就可以很容易实现这一目的，如运用录音、投影仪、多媒体等手段，让学生走入情景、理解情景、表演情景，以此突破语言关。渲染情景可以生动、形象地再现有关对话的时空、地点，加深学生对语言的理解，帮助学生在语言与表达对象之间建立起联系，从而充分调动积极性，使他们以乐观的态度进行英语交际活动。

（4）烘托情景。烘托情景的有效方法就是音乐。音乐是微妙的，也是强烈的，它能给人以美的享受，令人心旷神怡，并以它独特的旋律和节奏烘托情景。如果能将音乐巧妙地融入英语教学，将会更好地表达情景内容，并缓和课堂气氛，使学生自然地融入英语课堂。教师可以借助一些经典的英语歌曲，以其纯正的发音、优美的旋律，来激发学生自主学习英语的意识。[①]

（5）加强情景。游戏是加强情景的常用办法。融入游戏的元素既可以活跃课堂，又能为学生创造轻松自然的学习环境，从而激发学生的学习兴趣。

二、交际教学法

（一）交际教学法概述

交际法产生于 20 世纪 70 年代初期的两欧共同体国家。英国学者为创立交际法做出了杰出的贡献。交际法的出现标志着在外语教学中，人们开始从只注重语言形式和结构的教学转向重视语言功能的教学。"交际能力"这一概念是由海姆斯提出来的。海姆斯认为，一个学习语言的人不但要能识别句子是否合乎语法规则，还要有造出合乎语法规则句子的能力，另外还需懂得怎样恰当地使用语言。随后，卡纳尔和斯温（Canale & Swain，1980）将"交际能力"分为四方面的知识和技能：语言能力、社会语言能力、语篇能力和策略能力。

（1）语言能力：为了更好地表达意义，学习者必须掌握一定的词汇和句法知识。

（2）社会语言能力：这种能力既包括目的语民族的社会文化知识、习俗、礼节等，也包括在不同的社会语言环境中恰当地理解和使用语言的能力。

（3）语篇能力：在语言交际过程中，无论是语言输入还是输出都需要交际者具备一定的感知和处理语篇的能力。

（4）策略能力：当学习者的上述能力不全面时，策略能力可以加以弥补。

从 20 世纪 70 年代中期起，在教育语言学和语言教学法领域中，所有的实践、理论和研究的重大问题都归结到交际能力这一基本概念上。越来越多的人也开始赞同从社会的角度来观察语言，于是社会需求和"交际能力"这一概念相结合，便形成了交际教学法。随后，此方法流入中国并在英语教学中得到广泛的普及。

---

① 王瑞. 大学英语听力教学理论与实践 [M]. 长春：吉林出版集团股份有限公司，2009.

（二）特征

交际教学法在教学过程中具有以下三个特点。

（1）在交际化的教学过程中应该以学习者为中心。以学习者为中心开展的课堂活动一般被看作是一种主动的学习过程。在这一过程中学生需要扮演积极的角色来吸取新的语言内容，同时运用所学语言去表达自己的思想。要创造以学习者为目的的教学环境需要两方面的条件：①要求学习者提供带有真实意义的语言交际情景；在交际性活动中学生有计划地表达自己的思想，并能够进行双向的交流。②学习者自己有参加这些交际活动的愿望。

（2）重视教学环境的真实性以及语言实践环节的模拟性。利特尔伍德（Littlewood，1981）曾指出："交际法使我们更强烈地意识到只教会学生掌握外语的结构是不够的，学习者还必须掌握在真实的环境中，将这些语言结构运用于交际功能中的策略。"在外语教学中，如何积极地创造语言交际环境，使学习者在交际活动中掌握使用语言的能力，就体现了这一原则。[1]

（3）重视教学过程的交际化。交际教学法还要突出学生的语言交流和互动作用。具体来说，在交际化的教学中，教学的重点要从语言的形式转向内容，从单项的语言知识传授转向双向的互动式语言实践。

（三）方法

1. 丰富教学内容

教材是教学之本，但这并不意味着教学要完全依靠教材，而应在教材的基础上进行丰富。丰富教材的方式有很多，如教师可以从报纸、书籍、杂志、电视甚至网络上筛选材料。此外，在组织教学时，教师应尽量模拟真实的语言环境，使教学内容反映真实的社会。

2. 组织交际活动

要有效地组织交际活动，使交际活动达到目的性、可靠性和趣味性的统一。组织交际活动也是交际教学法的一个措施。通过灵活组织交际活动，可以使学生将学到的知识（produce communicate）应用到实际中。著名语言学家哈默（Harmer）提出了IPP语法教学模式：介绍（introduce）、限制性练习（controlled practice）以及运用性交际活动（produce communicate）。该模式指出了语言教学的始终。而教学过程本身就是一个从始端向终端拓展和强化的不间断过程。由此可见，交际化的活动是实现英语教学过程交际化的关键，让学生在自己的生活经验的基础上进行课堂活动，在活动中运用知识，最终丰富自己的生活经验。

---

① 吴丹，洪翔宙，王静.英语翻译与教学实践［M］.长春：吉林人民出版社，2017.

三、任务教学法

（一）任务教学法概述

任务教学法，也叫任务型教学法，是西方英语教育界自 20 世纪 80 年代以来的发展成果。它的代表人物是美国教育家杜威（Dewey）。任务教学法是交际教学法的延伸，是一种强调"在做中学"的语言教学方法。该方式是一种以具体的学习任务为学习动力或动机，以完成任务的过程为学习过程，以展示任务成果的方式来体现教学效果的方式。任务教学法隶属于交际教学法的范畴，而早期的交际教学法所使用的一些活动就属于任务的范畴，如不对等信息和信息交换等活动。这些活动把提升交际能力和语言的使用能力当成主要的教学目的。总之，任务教学法体现了较为先进的教学理念，是一种值得推广的有效外语教学方法。

在课堂教学中，使用任务教学法需要具备六个要素：目标、输入材料、内容、情景、程序、角色。

（1）目标。任务的目标指向具有双重性，任务首先要达到预期的教学目的，然后任务本身要达到非教学目的。

（2）输入材料。输入材料是指在履行任务的过程中所使用或依据的辅助资料。这些材料的形式是多样的，可以是语言形式，也可以是非语言形式。

（3）内容。在课堂教学中，任何一个任务都要有一定内容，这样才能对任务进行实施。课前，教师需要对这些内容做准备。任务的内容在课堂上的表现就是需要履行的具体行为和活动。

（4）情景。任务情景是指任务所产生和执行的环境或背景条件，在这些条件中，包括语言交际的语境。在任务教学中，情景的创设应尽量接近真实生活，从而提高学生对语境和语言之间关系的意识。

（5）程序。任务教学中的程序是指安排任务教学中的各要素该如何进行，包括任务序列中某一任务所处的位置、先后次序、时间分配等。

（6）角色。在任务教学中，主要有教师和学生两种角色。其中，教师的角色有多种，既可以是任务的参与者，也可以是任务的指导者和监控者，但无论扮演什么角色，都是为了更好地完成教学任务。

（二）特征

在英语课堂上所应用的任务应该具有以下特征。首先，任务可以促进语言学习者在语言各个方面的整体提升；其次，语言学习者在承担并完成该任务的过程中使用自己已有的语言资源；最后，该任务会产生一个成果，虽然语言习得有可能伴随该任务的实施过程而发生，但是这个成果不仅仅与语言学习相关，或者说最理想的成果应该是非语言成果。任务实施的中心点是意义的沟通，也就是要让学习者尽可能多地使用语言。如果任务涉及两个或两个以上的学习者，则需要参与者运用沟通技巧和互动技能来完成任务。

如果课堂活动不具备上述特征，那么该活动也就没有任务价值，而运用该活动的课堂教学就不能被称为任务教学法。例如，句型操练、完形填空、控制写作等都不属于任务教学法的范畴。

（三）过程

斯基汉（Skehan）提出了任务型教学法的三个阶段：任务前（pre-task）的准备阶段、任务中（during-task）的实施和引导阶段、任务后（post-task）的反思（reflection）阶段。下面就分别对这三个阶段进行阐述。

1. 任务前（呈现任务）

在任务前阶段，教师的主要工作是呈现任务。教师要结合学生的生活或学习经验，为学生创设有主题的情景，以激发学生的好奇心和学习动机。详细地说，教师要为学生提供与话题有关的环境以及思维方向，并将学生要学习的新知识与他们已有的知识结构建立起联系，调动他们的求知欲。在这一过程中，教师应遵循先输入、后输出的原则，就是当学生激活了完成任务所必需的语言知识、技能后导入任务，这既是为学生学习的顺利进行，也是为开展下一环节奠定基础。

2. 任务中（实施任务）

接收完任务后，学生接下来需要做的就是开始实施任务，实施任务的形式有很多，如组队或小组自由组合，或由教师设计许多小任务构成任务链。通过小组自由组合、共同协作，培养团队的合作精神。实践证明，这种方法是很受学生欢迎的。其中，组队和小组组合的形式可以为所有的学生提供练习口语的机会，并且这种形式有利于同伴之间的交流，可以刺激学生的认知发展，还有利于培养学生互助合作的精神。需要指出的是，在这一过程中，教师可以参与到学生的小组活动中去，成为小组的一员。教师应以监督者和指导者的身份了解学生掌握新知识的程度，并根据具体情况，随时对教学策略实施调整，以保证更好地完成任务。

3. 任务后（汇报任务和评价任务）

任务完成后，教师可以让各小组在讨论后派出代表向全班报告任务完成情况。代表的选择方式有两种，一种是教师指定代表，另一种是由小组推选。教师指定代表可以激发该学生的学习兴趣，而由小组推选代表则可以增强被选举学生的自信心。学生在汇报任务时，教师应该给予一定的指导和帮助，使学生在汇报时更加准确、自然。

汇报结束后，教师还应组织全班学生评价任务，指出各组的优点和不足，并评出最佳小组，让学生在完成任务之后，品尝到成功的喜悦，同时对自己的不足也有所认识。在评价任务的过程中，教师除了对结果进行评价，还要引导学生如何正确、理智地评价自己和他人，帮助学生形成良好的评价思维方式。此外，对于任务完成得比较好的小组，教师应给予精神上的鼓励或物质上的奖励。在这一过程中，教师要正确把握评价的促进作用，充分调动学生学习的积极性，增强小组的竞争意识，以促使学生不断进步。

四、交互教学法

（一）交互教学法概述

交互教学法也称互动教学法，在教学过程中，通过教师和学生之间积极主动的双向交流，来完成教学计划，实现教学目的。互动教学法应尽可能地给学生提供操练的机会，注重提高学生的学习兴趣，更重要的是让学生消除消极被动心理，主动参与教学，进而加强学习的主动性和能动性，提高学习效率。在相当长的一段时间内，我国的大学英语教学坚持以培养学生的应试能力为目的，即强调学生对词汇、语法和句型的死记硬背。这就使学生形成了较强的应试能力，而缺乏语言交际的实际能力。这是我国学生出现"高分低能"现象的重要原因，也是导致我国英语教学"费时却低效"的重要症结所在。针对我国大学英语教学中的种种问题，交互教学法应运而生。①

交互教学法的主要目标是在课堂各种互动活动中逐渐培养学生习得外语的各种能力。其特点是以学生各种能力的可持续发展为教学目的、以师生和生生角色在课堂上的不断变换为形式、以丰富多彩的教学活动为载体来进行的外语教学活动。

（二）应用

交互式教学法强调，在语言教学中，应做到以下两点：一方面以语言习得和教学理论为指导；另一方面教师要根据自身特点、学习者的个体差异和教学情景，采用灵活、多变的多种教学方法。交互教学法通常涉及一些教学活动的引入，如"词汇联想""双语对译"等。每一种方式都有自身的特点以及特定的使用范围，因此教师应对这些方式灵活运用，下面就对这两种方式分别进行论述。

1. 词汇联想

活动目的：该活动是为了使学生对已学过的单词进行归纳、总结，以便为句型或篇章的训练做好准备工作。

活动步骤：

（1）教师将关键词信息写在黑板上：food & drinks。

（2）将学生分成4人小组，进行单词拼写竞赛，看哪个组写得又多又正确。

（3）每个小组都按照 vegetable、fruit、meat、cereal、drink 和 others 的分类标准填写。

（4）教师指出和改正出现的一些归类或拼写错误的词。

① 陆巧玲，周晓玲.网络环境下大学英语教学改革理论与实践[M].上海：上海交通大学出版社，2012.

（5）让学生用这些词汇来介绍自己的日常饮食习惯。

2. 双语对译

准备工作：教师向学生提供一篇长度适中的双语文章，如下文。

中文：

金源新燕莎 MALL 地处北京市海淀区昆玉河畔，位于西三环和西四环之间，是一处四通八达的黄金地段。金源新燕莎 MALL 包括都市高档百货店——燕莎主力店、流行时尚百货店——贵友主力店以及近 500 个品牌专卖店，其中近百家为旗舰店；有50 多项功能服务、1600 个知名品牌。同时，百余家餐饮店错落有致地分布在 MALL 内的各个楼层，还可以来这里唱歌、跳舞、健身、看电影、玩游戏、到中心舞台欣赏精彩的文艺演出，是一艘休闲、娱乐、餐饮、购物一体化的超大型商业航母。宽松的八条林荫大道，配套的休闲设施，环境宜人，四季如春，是消费者购物、休闲、娱乐的理想场所。

位于三层北街、拥有众多知名品牌的旗舰店和大型连锁店，具有时代特色的户外运动休闲大道，丰富的商品为户外休闲运动爱好者提供了完美的装备，彰显"回归自然、释放自我"的心声。

四层北街新奇的造型、梦幻般的色彩、温馨的关爱、欢乐的氛围形成了五彩缤纷的儿童天地，国际、国内著名品牌专卖店 50 余家，还汇聚了红黄蓝亲子乐园、爱尔玛玩具城、大西洋淘气城、海巍国际宠物中心、酷迪宠物乐园、珀斯琴行等特色店。

英文：

Golden Resource New Yansha Mall is located by the Kunyu River of Haidian District in Beijing，a landmark between West 3th-ring Road and West 4th-ring Road with convenient transportation.It contains stores like You Yi Shopping City，a top-grade department store in Beijing and Beijing Mansion Guiyou，a fashion department store，as well as about 500 specialty shops，among which about 100 are flagship stores.The Mall also features more than 50 categories of service and 1600 well-known brands.Meanwhile，more than 100 restaurants are distributed in an organized pattern all over the building.Customers may also come to enjoy singing，dancing，body building，movies and video games here or appreciate splendid performances at the Centeral Stage.The Shopping Mall places great emphasis on the design and construction of public areas.There are eight avenues equipped with recreation facilities.The comfortable environment and temperature makes it an ideal place for shopping，recrcation and entertainment.

The north section of the third floor，full of facilities for outdoors fans，is a modern international leisure boulevard with a large number of well-known flagship stores and large-scale chain stores，representing admiration for nature and relaxation.

The north section of the fourth floor is a colorful world for children with novel stores，such as the parent-child paradise，the toy centre，the recreation city，the pet centers，and the Parsons Piano.

（资料来源：彭萍，2010）

活动步骤：

（1）当学生读完这篇文章后，教师要统一收回。

（2）教师将学生分成两组。一组为中文小组，另一组为英文小组。

（3）中文小组的同学每人讲一句。这里教师要告知学生，第二位同学必须接着前一位同学的思路往下讲。英文小组的同学要对中文小组的文章进行总结，并进行翻译。

（4）两组交换。这一目的是为了将同学们的信息全部搜集齐，防止遗漏某些信息。

（5）教师带领同学一起梳理和校正文章，主要围绕文章的重点句型和表达进行。

第二章 大学英语教学大纲、教材与课堂教学

改革开放以来，国家教委/教育部分别在 20 世纪 80 年代、90 年代和 21 世纪初组织专家制定了《大学英语教学大纲》，正式印发全国各地执行，其对全国高等学校的大学英语教学起到了重要的指导、引领和规范作用。大学英语教师要对《大学英语教学大纲》（以下简称《大纲》）和大学英语教材进行认真分析研究，深入了解大学英语教学的目的和意义，掌握大学生的英语学习现状，从实际出发，将教学理论运用到大学英语教学中去，提高教学效果。[1]

第一节 大学英语教学大纲

《大学英语教学大纲》的制定以教育学、语言学和心理学等理论为依据，以研究学习者和教学者的实际问题为基础。首先是研究学习者的情况，包括他们的学习态度、以前的学习经验和学习习惯。同时，还要对学习者进行书面和口语测试，了解他们目前掌握的知识、运用知识的能力及其与大纲目标的距离等。其次是研究教学者的情况，包括他们的实际知识水平、英语运用能力、教学经验和教学习惯等。在调查研究的基础上确定教学内容及大纲内容的编排（包括教学目标、教学原则、教学方法、教材和测试评估手段等），已经发展形成的大纲主要有结构大纲、情景大纲、意念功能大纲和交际大纲等。

一、我国大学英语教学大纲的历史与现状

在我国非英语专业大学生所学的英语课程称为大学英语。1985 年 11 月，国家教育委员会设立了大学外语教材编审委员会，替代了原有的理工科公共外语教材编审委员会。1986 年 11 月，中国公共外语教学研究会更名为中国大学外语教学研究会，"大学英语"名称正式替代了"公共英语"名称。

长期以来，大学英语教学没有得到应有的重视和科学的管理，大多数的外语教育和教学会议的议题以及外语教学方针，是针对中小学外语及大学专业外语教学而言的。

---

[1] 于晶. 大学英语课堂环境构建理论探究［M］. 长春：吉林人民出版社，2017.

进入 20 世纪 60 年代后，选修公共英语的学生人数大量增加。1962 年，上海交通大学外语教研室制定了一个针对工业学校本科五年制学生的《英语教学大纲》（试行草案），后经高等工业学校外语课程教材编审委员会在 1962 年 5 月审定，由教育部正式颁布实施。

20 世纪 70 年代，大学英语教学大纲对学生的要求是在一个小时内读完 5000 个印刷符号。除此之外，没有其他方面的要求。即使是这样，当时的大学毕业生中也只有 1/3 的学生能达到这种水平。

1980 年、1985 年和 1986 年，教育部门又分三次颁布了大学英语教学大纲，这几个大纲都是教育部委托专门的机构（如教材编审委员会）制定的。大纲制定者一般是重点大学的教师。1980 年的大纲供高等学校理工科本科四年制学生使用。这份大纲由教育部委托清华大学与北京大学于 1979 年起草并提出初稿，1980 年 6 月在上海召开的高等学校理工科公共外语教材编审委员会扩大会议上讨论修改，由编审委员会审定通过。

之后，教育部门相继出台了供高等学校理工科本科用的大纲以及供高等学校文理科本科用的大纲。与以往的大纲相比，这两份大纲涉及面广。以往的大纲都是委托一所到两所大学的外语教研室编写，而这次是由北京大学、清华大学、上海交通大学、重庆大学、哈尔滨工业大学、华中科技大学、复旦大学等学校联合编写。参加文理科英语教学大纲编写的有复旦大学、南开大学、北京大学、中国人民大学等学校，并在全国范围内对大学生的英语水平进行了抽样调查。经反复修改，理工科用的大纲于 1984 年审定通过。在此基础上，修订组经过一年的努力，修订了文理科用的大纲。教育部于 1985 年和 1986 年批准了这两份大纲。这两份大纲是历年来较为完整详尽的教学大纲。①

我国改革开放以来的外语教育发展历程基本上经历了三个阶段：复苏期、发展期和稳定期。20 世纪 70 年代末至 80 年代中期，我国大规模外语教育从无到有，大学外语教师奇缺，不少一线教师由俄语改行教英语，绝大部分中学英语教师仅仅有一两年的语言训练便走上讲台。当时的大、中学英语教学大纲符合实际情况，对当时的教师具有一定的挑战性。80 年代中后期到 90 年代中期，大量经过正规训练的大学本科毕业生和研究生加入大学英语教师行列，中学英语教师的大专、本科比例在不断提高。大纲的修改及全国性英语考试的推出反映了当时的英语教育上了一个台阶。

为了使大学英语教学能上一个新台阶，高等学校外语教学指导委员会成立了"面向 21 世纪的大学英语课程教学内容与课程体系改革研究与实践"项目组，项目组提出了通过加强学科建设完善大学英语课程的目标。1998 年 12 月审定通过了新的教学大纲，即《大学英语教学大纲》（1999 年修订本，以下简称《大纲》），该《大纲》提出了"即使在非重点院校中，从预备级开始学习的学生，经过基础阶段两年的学习后达到三级，在高年级还应继续努力达到四级，学校方面要为此提供必要条件"。这

---

① 王晓玲，曹佳学. 跨文化大学英语教学：理论与实践［M］. 成都：西南交通大学出版社，2015.

样一来，最初只是各高校自愿参加的大学英语教学考试，在1999年后成为各高校学生必须参加的考试，而且成为对每一个大学毕业生的基本要求，高校必须提供各种便利条件，帮助大学生通过四级考试。这样一来，大学英语四、六级考试成了全国性的考试，通过英语四、六级考试成了每个大学生英语学习的主要目标，帮助学生通过四、六级考试也成为各高校的责任。

几十年来，尽管我国大学英语教学取得了相当大的成绩，但是随着大学英语教学改革和课程建设的不断深化，问题也不断出现。于是，2017年教育部公布了《大学英语课程教学要求（试行）》（以下简称《教学要求》），在大学英语的教学性质和目的、教学要求、课程设置、教学模式、教学评估和教学管理六大方面做出了新的说明和部署，彰显了以"教师为主导、学生为主体"的当代大学英语教学原则。

《教学要求》针对目前大学英语教学中存在的一些比较普遍、突出的问题，制定了具体的、实用性很强的教学目标。这是符合目前我国大学英语教学实际的，可谓有的放矢、切中时弊，它必将在一定程度上改变目前的大学英语教学现状。

二、《教学要求》与《大纲》的比较分析

《大纲》实施多年，大规模标准化考试的应试导向日益显现。教育部2008年印发了《大学英语课程教学要求》（以下简称《教学要求》），将大学英语教学定性为"高等教育的一个有机组成部分"，其教学目标是"培养学生的英语综合应用能力，特别是听说能力，使他们在今后的工作和社会交往中能用英语有效地进行口头和书面的信息交流，同时增强其自主学习能力，提高综合文化素养，以适应我国社会发展和国际交流的需要"。大学英语是以英语语言知识与应用技能、学习策略和跨文化交际为主要内容，以外语教学理论为指导，结合多种教学模式和教学手段为一体的教学体系，而《大纲》对于教学性质并未进行阐述。

《大纲》的教学目的是培养学生具有较强的阅读能力和一定的听、说、写、译能力，使他们能用英语交流信息。大学英语教学应帮助学生打下扎实的语言基础，掌握良好的语言学习方法，提高文化素养，以适应社会发展和经济建设的需要。而《教学要求》的教学目的是培养学生的英语综合应用能力，特别是听说能力，使他们在今后工作和社会交往中能用英语有效地进行口头和书面的信息交流，同时增强其自主学习能力，提高综合文化素养，以适应我国社会发展和国际交流的需要。[①]

《大纲》提出的教学评价标准是大学英语四、六级考试，是国家评估各院校大学英语教学质量的依据。《大纲》颁布实施之后，四级考试成为众多高校学生获取学位的必经之路。《教学要求》对教学评估做了分类，分成形成性评估和终结性评估两种。所谓的形成性评估，指的是在教学过程中，对尚在进行、发展中的教学活动进行相应的价值判断，以调节教学活动过程，保证一定的教学目标实现。这种形式的教学评估，就是形成性评估。这种评估的特点是：能及时地获取教学情况的反馈信息，适时地对

---

① 佟敏强.大学英语阅读教学理论与实践［M］.长春：吉林出版集团股份有限公司，2009.

教学活动予以相应的调适与调节，以便更好地形成适合教学对象特点的教学手段与教学方法。同时，通过这种评估，也有利于及时总结经验体会，适当地改进工作过程。所谓的终结性评估，指的是某一教学活动完成以后，对教学活动的最后成果做出相应的价值判断，以便为做出各种决策或决议提供教学上的依据。如具体教学中的成绩报告单，就是终结性评估的一种。这种评估的特点是：客观简便，易于实行。它把学生自我评估、学生相互间的评估、教师对学生的评估、教务部门对学生的评估等"形成性评估"与期末课程考试和水平考试等"终结性评估"结合起来，通过课堂活动和课外活动记录、网上自学记录、学习档案记录、访谈和座谈等形式对学生学习过程进行观察、评估和监督，促进学生有效地学习。教学评估标准对发挥教师的创造力、实施个性化教学、培养学生个性化的自主学习能力具有强大的促进作用。

三、《教学要求》的基本理念

《教学要求》中多次提到课程设置"要充分体现个性化""考虑不同起点的学生"，教学模式应"朝个性化学习、自主式学习方向发展"，要"确立学生在教学过程中的主体地位"，应"能使学生自主选择适合自己需要的材料进行学习"。《教学要求》虽然没有统一的教学安排，但是提出了三个层次的要求——一般要求、较高要求和更高要求，并规定各个学校应当根据本校实际情况，来自行确定学校以哪一个要求或同时以三个要求来作为学校的大学英语教学目标。《教学要求》取消了带有全国统一性的"级"的概念，同一门大学英语课程，难易程度、教学要求和课时长短各个学校可以不同。《教学要求》还模糊了必修课程和选修课程的界限，这一切都使得教学朝着多样化和个性化方向发展。没有了统一的目标和要求，各个学校可以根据自己学生的水平和教学条件提出切合实际的标准。如同样是听、说、读、写四项技能，体育、音乐、美术专业的学生可要求低一些，而涉外专业的学生可以高一点，对部分基础好的学生甚至可以提出相当于英语专业的能力标准，把他们培养成有国际交际能力且能够用英语直接开展工作的人才。

《教学要求》在课程设置和教学模式上提出"应大量使用先进的信息技术，推进基于计算机和网络的英语教学"。21世纪的大学英语教学将逐步从计算机辅助教学过渡到以超文本思想为主导的多媒体教学和网络课程教学。

第二节　大学英语教材分析

教材是反映教学模式的知识载体，是教学大纲的具体体现，是教学双方围绕教学内容在课堂进行教学活动的语言样本和语言实践活动的材料。其编排的指导思想、教学目标、教材选材内容与练习方法对语言材料的有意义输入和教学活动的效果起着至关重要的作用，教材的选择是教学成功与否的关键。近年来，大学英语教材研究受到了极大的关注。

一、大学英语教材的编写历史

我国英语教材的编写已走过了半个多世纪的历程。20 世纪 60 年代到 90 年代编写的教材大致分为三代，即 1976 年前的第一代、1976 年至 1985 年的第二代、1986 年至 90 年代中期的第三代。

《大学英语》[①] 系列教材为第三代教材，自 1986 年试用本问世以来，受到了广大师生和英语学习者的青睐，先后被千余所院校采用，成为我国高等英语教学的首选教材，并荣获"全国高等学校第二届优秀教材特等奖"和"国家教委高等学校第二届优秀教材一等奖"。我国大学英语教材的编写也进入了一个较为成熟的阶段。在这一期间，该系列教材曾数次被修订，以适应教学需求。

随着我国改革开放和中国加入 WTO，这套教材反映出了"内容陈旧和忽视对学习者交际能力的培养"等问题。我国大学英语教学面临新的挑战，人们纷纷探求适合我国国情的新的教学路子。教材作为教学改革的一个重要方面，作为教学思想的一种载体，理应有新的作为。我国大学英语界经过长达五年的酝酿、调查、探索，终于在 1999 年 9 月完成了对《大学英语教学大纲》的修订工作，并正式公布使用。

新的大纲、新的形势，呼唤着新的教材。随着大学英语教学改革的进一步发展，大学英语教材的编写引起了人们更多的关注。大学英语教材的发展呈现出一系列的特点：一方面，教材不断地系统化、层次化、精细化。大学英语教材的编写从最初全国理工科通用的大学英语教材，到各具特色的大学英语教材；从以大纲为主要依据的教材编写，到结合其他教育政策以及考试大纲的教材编写；从着重培养阅读能力的教材，到各种能力分层培养、各种能力同等重要的教材，这一系列发展变化与大学英语的发展、社会发展、学生英语水平的提高等是密不可分的。另一方面，教材在内容、题材和体裁上发生了变化。经过几十年的发展，大学英语教材内容不断丰富，题材和体裁更加多样，逐渐地涵盖了社会生活的各个方面，在教材分层次、分能力训练的同时，也更加注重教材的体系性、整体性与一致性。

之后，随着大学英语教学改革的推进，为了适应社会各界对大学生英语能力的要求，教育部颁布的《教学要求》对大学英语提出的教学目标为"培养学生的英语综合应用能力"。大学英语改革带来了大学英语教材的变化和教学系统的发展。《教学要求》对大学英语教材从编写到发行都产生了深远的影响。

---

① 朱世臻，周有铭.大学英语［M］.成都：四川大学出版社，1986.

二、大学英语教材的使用情况

我国幅员辽阔，高校众多，各高校的师资水平、教学条件、生源情况、教学目标等差异很大。一个教学大纲，一种课程模式，一套教材，显然是不切实际的。从20世纪90年代末开始，高校使用较多的教材主要是以下四种：

（1）应惠兰主编、浙江大学出版社出版的《新编大学英语》①自1999年出版以来一直受到师生欢迎，全国许多高校都选用这套非英语专业教材。该套教材首次提出了"以学生为中心的主题教学模式"，基本满足、理解、体现了学生的知识、情感、个性需求，融语言技能与综合应用能力于一体，不仅给学生提供了最佳的语言样本和系统性、针对性的语言实践活动，还开阔了学生的视野、扩大了学生的知识面、提高了学生的文化素质。它是一套高起点的教材，适用于英语基础较好的学生使用。

（2）由翟象俊、郑树棠、张增健主编的《21世纪大学英语》②于1999年由复旦大学出版社、高等教育出版社联合出版。该套教材主要有三大特色：

第一，将传统教材的精读和泛读融合为读写教程：Text A体现的是传统题材，故事生动，具有可思性、趣味性和知识性；Text B的内容是对Text A内容的补充延伸或是对立面；Text C是半泛读或快速阅读性的内容，也围绕一个话题展开。三篇课文从不同方面、不同体裁进行多方论证，阐述某一主题。同一题材的三篇课文确保了单词的高复现率和表达的多样性，也能深化了学生对主题思想的认识，有效地把精读和泛读融合在一起，确保了一定的阅读量。

第二，每一单元前有以听、问的形式出现的关于课文内容的简短归纳。这样的编排不仅向学习者提供了综合性的语言输入，而且这种输入也考虑到了学生的实际需要，能够被学生理解。

第三，该教材的课文绝大多数选自20世纪八九十年代的英美报刊书籍，内容新，富有时代气息。其语言是规范、适用、易于交际的现代英语，其中不乏体现英美民族文化特点的文章，且大多与学生的经验相关。这样的选材有利于教师结合文化背景和文化内涵，采用多种多样的教学模式开展多边的语言活动。该教材共四册，不分级，词汇量大，生词较多，每册均超出大纲要求词汇1000～2000个，适合英语基础较好的学生。

（3）《大学英语》（全新版）由季佩英、吴晓真主编。③2001年7月由上海外语教育出版社出版，沿用了中国英语课堂精讲多练的教学原则，既指导教师如何教，又突出学生主体参与，在课堂上注重学习者之间的互动，在课后注重学生自主学习能力的培养，其练习设计也尽可能采用互动式，增强了学生的参与意识。该套教材按主题安排单元内容，各教程互为一体，有很好的系统性，能使学生全面深入地获取并掌

---

① 应惠兰. 新编大学英语［M］. 北京：外语教学与研究出版社，1999.

② 翟象俊，张增健. 21世纪大学英语［M］. 上海：复旦大学出版社，1999.

③ 季佩英，吴晓真，姚燕谨. 大学英语［M］. 上海：上海外语教育出版社，2001.

握与各主题有关的语言（如词汇）知识、文化知识及丰富的语言材料，有利于学生针对该主题充分进行语言综合能力的训练。该套教材起点较高，其词汇起点定为2300个，比大纲规定的1800个超出500个，终点为7000个，而大纲规定为5500个，适合英语基础较好的学生。

《大学英语》① 进行了第二次修订，修订原则为：教材的定位不变。《大学英语》是综合教育型而非特殊目的型的教材，旨在帮助大学本科各专业学生进一步打下扎实的语言基础，因此选材原则不变。正因为《大学英语》是综合教育型的教材，所以选材必须做到题材广泛、体裁多样、语言规范，这样才有利于学生打好语言基础。选材还要遵循"三性"原则，即趣味性、知识性、可思性，以激发学生学习英语的兴趣。在更新课文时还要注意经典性与时尚性的融合、科普性与文学性的融合，使选文内容经得起时间考验，文字经得起反复咀嚼。这两个融合是教材可教性与可学性的保证，也是教材生命力之所在。本次修订按照《课程要求》所提出的培养"英语综合应用能力"这一目标，着重考虑增强听与说的训练，提高听与说尤其是说的要求，重视教材的思想性。

（4）郑树棠主编的《新视野大学英语》② 于2001年12月由外语教学与研究出版社出版，是国务院批准的教育部"面向21世纪振兴行动计划"项目中的重点工程"新世纪网络课程建设工程项目"之一，而且是其中唯一的一项大学英语项目。该教材有三大特色：

第一，同时提供课本、光盘和网络课程（Textbook，CD-ROM，Online Course），"实现了从传统教学到网络教学转变的飞跃"，是一种真正意义上的多媒体教材。

第二，对阅读课文的长度有适当的控制。《读写教程》③ 一级的课文一般在700词左右，二级在800词左右，三、四级在900词左右。快速阅读每篇300词左右。课文生词表后列出生词的总量、占课文的比率、四级和六级的词汇、超纲的词汇等，生词的总量控制在5%～7%。

第三，同步提供每级教材的试题库和测试工具，教师可根据教学进度和学生的学习情况灵活选用测试内容和测试时间。该教材起点较低，适合英语基础薄弱的学生。

总而言之，我国近年来为非英语专业大学生编写的英语教材虽然编写体例不尽相同，但是它们有一个共同的特点，即每一册书都由一定数量的单元组成，每个单元又由正课文和数篇辅助课文或阅读理解文章组成。其课文主要来自书面语体的文章，这导致它们对学习者口语能力的提高帮助不大。

教育部颁布《教学要求》后，紧接着召开大学英语教学改革试点工作网络视频会议，吴启迪副部长指出，我国已提出和研制出一些教学系统和教材。教学系统包括高等教育出版社的"大学体验英语"教学系统、清华大学的"新时代交互英语"教学系统、外语教学与研究出版社的"新视野大学英语"教学系统、上海外语教育出版社的"新

---

① 张卫东主编；王立功主审.大学英语［M］.北京：中国农业科学技术出版社，2011.
② 郑树棠.新视野大学英语 教师用书2［M］.北京：外语教学与研究出版社，2002.
③ 马小雷，张迎治主编.读写教程［M］.西安：西安交通大学出版社，2019.

理念大学英语"教学系统。随后，北京大学出版社也出版了"大学英语"立体化网络化系列教材，均受到同行和大学英语老师的瞩目。

三、当前大学英语教材中存在的问题

（一）大学英语教材的编写超前于大学英语教学大纲的制定

大学英语教材的编写显然要把《大纲》和《教学要求》作为最高指导原则。从理论上说应该是《大纲》和《教学要求》制定在前，教材编写在后，教材必须按照大纲的目标要求编写，但我国的情况恰恰相反，往往是先有教材，后有大纲。在教育部1999年的《大学英语教学大纲》修订本还没正式问世之前，一些出版社已经出版了所谓符合《大纲》要求的大学英语教材。新的《教学要求》虽然有4家出版社的教材或教学系列最后入选教育部推荐使用的教材，但这些教材或教学系列也是在《教学要求》颁布之前出版的。

（二）应试教学对教材的编写产生较大影响

目前的大学英语教材在编写过程中都有强烈的四、六级考试的意识。大纲、教材、测试三者正常的关系是：教材是为贯彻大纲要求而编制的教学内容，测试是检查教材教学内容的实施是否达到大纲的要求。也就是说，首先是大纲，其次是教材，最后才是测试。但现在倒过来了，测试放在了教材前面，测试内容和形式成了教材编写的重要依据。例如，几乎所有的大学英语教材在处理生词时都非常醒目地突出四、六级词汇，提高四、六级词汇的覆盖率和复现率，加强对四、六级词汇的练习。并且，教材课文练习的设计也与四、六级考题形式一样：阅读理解的选择题形式，完形填空的形式。连作文题形式和作文字数要求也和四、六级考试一模一样，甚至直接在教材中塞进四、六级模拟考试题。如全新版《大学英语》，安排了一定量的类似四、六级考试的题型，并将《综合课程》中的 Test Yourself 设计成 CET 考卷形式，有利于学生更好地适应国家 CET 统考，从而达到素质培养和应试准备双赢的目的。当然，我们也可以理解为这是教材编写者为迎合客户需要的无奈之举。不少教材初版时的课文都是原汁原味的，课文的长度、生词密度、思想的完整性和语言的艺术性是一致的，但碍于使用学校的要求，编者只能在修订教材时给课文"掐头去尾"，把大量生词换成四、六级词汇。学生英语水平在不断提高，课文难度在不断下降。在学生学习英语是为了通过四级考试、教师教英语是为了帮助学生应付四级考试的大环境下，大学英语教材只会走上一条畸形发展的道路。①

---

① 严明.评价驱动的大学英语课程教学管理理论与实践［M］.哈尔滨：黑龙江大学出版社，2012.

四、新模式下大学英语教材的功能定位

在大学英语自主学习模式中，教材到底应该具有什么样的功能？客观地讲，教材使用只是整个英语教学过程中的一个环节。如果我们把外语教学过程分为需求调查、课程设计、教学目标指定、课堂教学、评估等不同阶段的话，教材的使用是课堂教学的主要内容。在英语学习过程中，教材所提供的素材和语言基础训练的功能是有一定限度的，学习教材并不等于学习英语的全部过程。

长期以来，我国实施单一的课程和单一的教材，使得教师把教材当成"控制"和"规范"教学的"法定文化"。盲目遵循其规定的教法，不敢越雷池一步，成了教材的"奴隶"，结果教师被扼杀了自主精神和创新能力，教学不能从实际出发，实际教学效果不尽如人意；学生失去了自主学习的积极性，失去了学习活动的空间。新的教材理念是：教材是服务于教学的材料和工具，仅仅是引导学生认知发展、生活学习、人格构建的一种案例，其内容具有典型性和代表性，但并非都是最好、最正确、最合适的范例。教师可根据该校、该班、该学生的实际情况，对教材做出变动、修改或者加以适当的增删。教师要根据学生的需要灵活地、创造性地研究教的内容和方法，对教材做革新性和批判性的使用，这样才有可能有效地实施大学课程要求，以达到预期的目标。具体来说，教师应从以下四方面做出努力：

（一）把握教材使用的不确定性

尽管自主学习倡导学习者根据自身需求选择适合自己的学习材料，但是外语教材在中国这种语言环境下仍然是不可取代的、行之有效的根本性工具。教师在使用教材时，应注意选择教材内容、合理安排使用顺序、调整教学方法。

（二）合理增删教材内容

要按照教学大纲的要求，对教材内容进行合理的增删。结合课文所蕴含的相关文化背景知识以及学生在学习过程中产生的疑问和兴趣，教师应及时指导学生运用正确的学习策略去解决教材中的重点和难点，并对学生所关注的内容进行适当的补充和说明。

（三）呈现教材的意义

教材的呈现是教材编写要研究的问题，也是教师需要考虑的、在教学情景下以什么方式向学生展示教学内容的问题。

教师呈现教材的技能是指教师在教学情景中，将课程内容展示在学生面前，组织学生有效地掌握教材内容的一系列教学行为方式。它包括整合课程资源、重组教材、创造性使用教科书等各种活动。随着新课程的实施，按照国家课程标准编写的新教材，一改过去那种以现成的、不容置疑的"定论"方式把课程内容给予学生、让学生接受的方式，淡化教材的同质性与规定性，增强了挑战性、生成性和创新性。这样一来，给教师的教学创新和专业自主提供了极好的条件。总之，教师科学合理地使用教材主要表现在能够正确利用教材提供的输入信息，结合单元主题，设计每一课具体的教学活动方式，从而将教材"活化"，以此刺激和引发学生积极地去探索更多更广的知识和信息。

（四）扩充教材内涵

大学英语教学的主要材料是大学英语教材。教育部修订《大纲》时特别强调"重视教材在教学中的作用"。《大纲》指出，教师要充分利用教材所提供的语言材料组织好课堂教学和指导学生课外自学；有效利用现代化网络媒体所提供的真实语境语料，帮助学生养成良好的语言学习习惯，成为真正的主动学习者，从而达到培养学生自主学习能力的目标。

五、高职院校英语教材建设

由于高职院校英语教材内容的深度、广度和能力要求较高，英语教材有了较大的变化，许多内容难度大、方法新，对理解和分析的能力要求较高。学生个性特点突出、生源多元化，教学中凸显两极分化的问题。要改变这种状况，因材施教显得极为必要。对学生进行分层教学，是使全体学生共同进步的一个有效措施，也是使因材施教落到实处的一种有效方式。为了适应教学规模的扩大，满足高职教育教学改革与发展的需要，近年相继出版了一些相关教材。这些教材具有其自身特色，但也存在一些问题。

（一）高职院校英语教材的特色

2006 年教育部高教司颁布了《高职高专教育英语课程教学基本要求》（以下简称新《基本要求》），新《基本要求》明确提出了高职高专英语课程和教学内容体系改革是高职高专教学改革的重点和难点。高职院校英语教材大多按照这一大纲编写，编写原则为重视基础语言技能的训练，重视语言共核并以实用为主。

目前高职院校使用较多的教材有上海外国语大学校长戴炜栋主编的《新世纪高职高专英语》[1]、教育部高等教育出版社出版的《实用英语综合教程》[2]、张少雄主编的《实用公关英语》[3]以及北京大学出版社出版的刘世伟总主编的《新世纪英语教程》[4]等。这种教材多元化的局面对高职院校英语教学和教材改革无疑起到了积极作用。

教材编写重视语言共核。语言共核是指各个语言间的共同的词汇、语法结构、功能和一般意念等。目前高职院校英语教材重视对语言共核这一教学指导思想的贯彻。

① 吴小玲，阎兵.新世纪高职高专英语［M］.上海：上海外语教育出版社，2002.

② 洪玲，谭怡.实用英语综合教程［M］.北京：北京理工大学出版社，2017.

③ 张少雄.实用公关英语［M］.长沙：湖南人民出版社，2001.

④ 刘世伟.新世纪英语教程［M］.北京：北京大学出版社，2006.

基础英语教学大纲规定初中词汇为 1500～1600 个，高中词汇为 3000 个左右，而新《基本要求》中规定高职高专英语教学可分为 A 级和 B 级。B 级的起点词汇为 1000 个，认知词汇 2500 个。A 级的起点词汇为 1600 个，认知词汇 3400 个，另加认知英语专业词汇 400 个。目前高职院校多数英语教材的第一、二册课文中出现的词汇已覆盖总词汇的 40% 左右。虽然教学的总体思想是要淡化语法，但还是有一些语法操练。

教材选材广泛。英语教材选材广泛，内容丰富，不少课文涉及英语国家典型的文化背景知识，有很多值得挖掘的文化信息。高职院校英语教材所选题材涉及日常交际和业务交际的主要内容，题材多样，内容丰富，具有时代性、科学性和趣味性，能体现素质教育和高职院校以实用为主的特色。

（二）高职院校英语教材存在的问题

近年来，高职院校英语教材建设形势喜人，但同时也出现了一些问题，其具体表现为：教材未能做到难度适中，教师用书不够完善，缺乏对教材使用情况的信息反馈以及听力训练内容不足等。

（1）教材难度未能反映学生的实际水平。教材是教学的主要依据，教材的使用直接影响着教学效果与学生的学习兴趣。根据调查可以得出：高职院校英语教材与初中英语课本或高中英语课本衔接存在问题，教材编写未完全考虑到高职院校学生的实际英语水平，因此直接影响着学生的学习兴趣。这就要求教材内容与教学大纲所要求的知识、技能、能力水平与学生当前水平相接近，力求加大相近层面的语言材料的输入。

（2）缺乏对教材使用情况的信息反馈。教材质量的保证是一个循环的过程，没有教材使用后的质量信息反馈，就很难做到教材长久使用的质量保障。由于受时间和编者能力的局限，教材中不可避免地存在诸如错别字、图解错误等。为此，除编者和出版社应加大对教材的监管力度外，还应要求授课教师认真研究教材、分析教材，并加强与学生的沟通，了解学生对教材的认识和看法，为教材质量的评价奠定基础，更为教材的修订和再版提供保障。另外，遵循大学英语级别的逐渐提升规律，单元间的"坡度"应该逐渐升高，而《新世纪英语教程》①各单元之间没有合理的难度梯度，学生较难适应这种跨度。

（3）教师用书有待完善。为了保证教材的使用质量，使大纲要求和教材编写者的意图得到很好的理解和贯彻，教师用书是教材一个重要的组成部分。然而，高职院校多套教材的教师用书均没有就教学方法和教学活动的设计提出参考建议。此外，编者也没有提出任何文化教学要求或提供更有参考价值的资料。实际上，编写者结合各单元语言知识的学习，提示教师抓住一些文化切入点，来开展文化知识的教学是完全可以做到的。

（4）教材发展有些盲目。教育部启动了高等学校教学质量和教学改革工程，并委托了 4 家出版社开发设计 4 套网络英语教学系统，使我国大学英语教学有了专家通

---

① 刘世伟.新世纪英语教程［M］.北京：北京大学出版社，2006.

过、官方认可并在市场竞争中处于绝对优势的教材。然而，高职院校英语教材"百花齐放""百家争鸣"的状况，给高职教师选择教材加大了难度，不利于全国的统一测试，即检查教材教学内容的实施是否达到了大纲的要求。

第三节　大学英语课堂教学现状

随着大学英语教育事业的蓬勃发展，大学英语教学大纲及要求也数次更新或修订，对规范大学英语教学、实现大学英语教学目标和保证大学英语教学质量以及推动大学英语教学改革都起到了非常重要的规范和指导作用。多年来，出现了一些切实可行的教学方法和教学手段，实施了较为严密的、有较好效度和信度的大学英语四、六级考试，学生的英语水平比以前有了较大幅度的提高，大学英语教学也因此引起了全社会的关注。然而，近年来对我国大学英语教学提出的种种不满和批评越来越多。大学生毕业以后英语"高分低能"的现象使部分人对大学英语教学甚至对全国大学英语四、六级统考的真实水平和可信度都提出了质疑。

一、大学英语"教"的现状

大学英语教学改革对大学英语教师提出了更高要求，因为教学工作和教学改革的实施者归根到底是教师。而一些二类本科院校外语教学不容乐观的现状，首要问题就是教师问题。由于近年来高校扩招，几乎所有高校的全日制班级和学生人数都在剧增。许多高校一改往日的"小班教学"为"大班教学"或"组合班教学"，这对以学生为中心、注重实践的互动型英语教学方式是不利的。实施"小班教学"是保证教学效果的重要措施，然而往往又受制于师资不足。这些教师没有经过系统培训就直接走上讲台，由学生到教师的转变不得不在讲台上、课堂上来完成。

没有先进的教学理念，就不会有科学的教学手段，也不能建立有效实用的教学模式。虽然现在倡导"以人为本""以学生为中心"，可随便走进哪间教室，老师都在滔滔不绝，学生都在沉默不语，老师仍在大力地"授之以鱼"，而学生也总是张大口袋"受鱼"。

目前，二类本科院校大学英语教学中最流行的模式叫作"新传统教学模式"。著名教育家凯洛夫（1893—1973）用认识客观现实的辩证唯物主义的科学认识过程来揭示教学过程的本质，他认为在教学中学生掌握知识的认识过程，不仅与人类在其历史发展中认识世界的过程具有共同性，而且有其特殊性。在教学中学生主要是在教师指导下掌握前人已发现的真理、已积累的知识，教学是根据教育的目的和任务有计划地用系统的知识、技能、技巧来武装学生的头脑，建立其世界观，发展其智力和道德品质。凯洛夫继承和发展了赫尔巴特的教学模式，强调"双基"和系统科学知识的掌握，强调教师的主导作用。因此人们在对教学模式进行分类时，常把凯洛夫的教学模式称为新的传统教学模式。传统教学模式基本是以教师为中心、以教材为中心，师生之间的交流少之又少，学生的个体差异、个性心理特点，尤其是语言认知能力和知识经验没有得到应有的重视，过分强调听说、阅读、写作单一部分的学习。而"新传统教学模式"的"新"是指近两年一些学校为大学英语教学提供了不少的多媒体教学设备，购置了多媒体教学软件。

值得关注的问题是：现行的教师职称评估体系不注重教学。教学类文章常被视作学术含量低，往往登不了"大雅"之堂。于是，为了"阳春白雪"，教师要钻研一些与课堂教学无关的高深理论，这不仅不利于教师将工作重点投放到教学上，客观上还起到了相反的作用。这种现状对教学质量的影响可想而知。

二、大学英语"学"的现状

高职院校以及由专科院校升为二类本科的院校随着办学规模的扩大，学生的来源越来越广，学生入校时英语水平的差异也越来越大。其中一些学生进校后不久就失去了英语学习的兴趣。此外，还有相当一部分学生对大学英语存在错误的认识，他们认为专业课才是重要的，英语课不过是一门选修课而已。由于教师的不足及学院管理的限制，大学英语课采取混合班级大班授课的形式居多。在偌大的班级里，学生入学英语水平差异过大，而教材是统一的，教学进度是统一的，难以因材施教，难以开展有针对性的教学，造成基础好的学生"吃不饱"，基础差的学生"吃不消"，处于两端的学生都很难进步。在教学过程中，对英语水平较高者可做更高的要求，不断鼓励他们主动积极地参与，力求达到一个更高的境界；而对于水平较低者，可少做要求或不做任何要求，否则他们会失去兴趣，无法培养他们的学习信心。当然，也有些高校出现"分级教学"，而英语基础差的学生很难适应多媒体教学中容量大、高强度的信息交换。他们早已习惯了从小学到中学的"填鸭式"和教师一味强调"应试"的传统授课方式（由教师安排和计划好整个学习，学生只要跟着教师的节奏，学起来就比较轻松）。相反，面对多媒体教学中大量的语言资料，学生往往不习惯自己取舍、自己组织，结果是学生学了半天效果很小，严重影响了教和学的效果。

许多学生在离开了老师的教学后却不会学习，说明学生依赖性太强，没有自学能力，只会按照老师的要求去完成作业，并且有一些学生连布置的作业都不认真完成。另外，大学非英语专业的英语教学时间和条件是有限的，一般大学的英语教学只有240～280学时。再者，学生在学习行为方面没有主见。他们对传统教学方法感到失望，为学了英语而不能用感到苦恼，但他们还是习惯于听课、记笔记而不"消化"，死背单词而不活用，做题只会做选择题而不会其他，课堂上选择沉默而不愿动口动手。

三、大学英语考试

大学英语考试指全国大学英语四、六级考试，它是用来检验大学英语教学大纲的落实情况的，是为教学服务的考试。客观地说，考试在设计原则、质量控制、数据处理、考试信度和效度、实施因素等方面进行了有关论证研究，并取得了一定的成果。该考试自 20 世纪 80 年代开始实施，其最大贡献是使全国高校意识到了大学英语教学的重要性，但它所带来的影响也是始料不及的。四、六级考试在社会上产生了较大影响，对大学英语教学起到了一定的积极作用，但是如果过分强调考试的作用会导致依赖性，如四、六级考试成为"指挥棒"，与毕业证书和学位证书挂钩的现象。因此，有必要进一步改革四、六级考试制度，完善评价和考试体系。在研究大学英语四、六级改革的基础上，应重点研究学校在平时的教学测试中如何改革评估模式、具体测试方法与内容，如何配合统测搞好日常的评估，避免考试带来的副作用等，使四、六级考试与大学英语的正常教学协调起来。

然而，有考试就会排名次，尤其是全国性考试，其名次就显得更加重要。虽然考试组织者并未说过要排名次，但事实上却给各高校，无论是领导、教师还是学生都带来了巨大的压力。从 20 世纪 90 年代起，国家实施"211"工程，高校纷纷参与评比，面对诸多教学检查、评估，四、六级考试"身价"渐增，被赋予了很多的内容，甚至成为考核该校教学乃至考核学校的一项重要指标。一些学校为了体现教学水平高，强行将统考成绩与毕业证书挂钩，迫使学生花大量的时间和精力学习英语，然后将通过率作为教学效果好的依据和指标对外宣传。许多学校不约而同地大抓四、六级通过率，纷纷制定"土政策"。拿学位得过四级，过六级也成了学生获得保送研究生资格的必备条件之一。同时，各招聘单位也把学生通过四、六级作为他们用人时优先考虑的条件。于是学生不得不花大量的时间应付四、六级考试。教师也感到压力很大，千方百计地帮助学生提高应试技巧，英语课堂自然成了以教师为中心的"一言堂"。①

多年来，四、六级考试也进行了多次改革。此前，大学四、六级考试一度因为与学生毕业证挂钩而广受诟病；随后，教育部要求全国高校禁止将四、六级成绩与毕业证挂钩。

自 2005 年 6 月考试起，四、六级考试再次改革，成绩采用满分为 710 分的计分体制。成绩报告方式由考试合格证书改为成绩报告单，报告内容包括总分、单项分等。

教育部规定，从 2007 年 1 月起，大学英语四、六级考试只接受在校生报名。

自 2012 年下半年起，教育部考试中心对英语四、六级考试全面实施"多题多卷"的考试形式，跟以往采用一套试题，仅通过题目顺序变化实现"多卷"不同，此次改革推行同一考场内使用多套试卷进行考试，且每一套试卷的题目内容都不一样。

自 2013 年 12 月考试起，全国大学英语四、六级考试委员会对四、六级考试的试

---

① 陆巧玲，周晓玲. 网络环境下大学英语教学改革理论与实践 [M]. 上海：上海交通大学出版社，2012.

卷结构和测试题型做了局部调整。调整之后，四级和六级的试卷结构和测试题型相同。而英语四、六级考试题型较以往发生了变化，翻译由单句变为段落，不再考查完形填空。四、六级考试大有向雅思、托福等考试方式看齐的趋势。

第三章　英语教学模式理论

第一节　教学模式概述

一、什么是教学模式

教学模式又称教学结构，简单地说就是在一定教学思想指导下所建立的比较典型的、稳定的教学程序或阶段。它是人们在长期教学实践中不断总结、改良教学而逐步形成的，它源于教学实践，又反过来指导教学实践，是影响教学的重要因素。因此，了解教学模式的发展及其规律，对于提高教学质量具有重要意义。教学模式是一种教学活动的范式。教育工作者对教学实践进行分析研究，以一定的教学理论为基础，再根据经验和各种教学实践的成效，提出一种或多种教学模式。因此，教学模式能以具体、可操作的形式体现教学的理论或理念。例如，交际教学模式体现了英语或第二语言教学应该培养交际能力这一理论，因此，教学中就有了结构教学模式或功能意念教学模式。前者多安排句型操练，后者则注重角色的扮演、问题的解决等。教学模式一方面有利于我们学习、理解和掌握先进的教学理论，使科学的理论能迅速而成功地得到应用。另一方面也有利于用成熟的经验来不断丰富教学理念，从而提高教学效率，促进学生语言能力的发展。①

二、国外关于教学模式定义的研究

美国教学研究者乔伊斯和韦尔于 1972 年出版了《教学模式》②一书，专门系统地研究了流行的各种教学模式。在我国近些年也有人专门撰文介绍和研究教学模式，教学模式成为当前教学研究的一个重要课题。但是，对于教学模式的定义，国内外研究者的看法并不一致。在国外，比较有影响的教学模式定义就是乔伊斯和韦尔的定义。

---

① 李焱.大学英语课堂教学的理论与实践探索［M］.北京：光明日报出版社，2018.
② 乔伊斯，韦尔.教学模式［M］.北京：中国轻工业出版社，1972

他们认为，教学模式是构成课程和课业、选择教材、提示教师活动的一种范型或计划。他们把教学模式定义为一种教学范型或计划。实际上，教学模式并不是一种计划，计划只是它的外在表现，教学模式蕴含着某种教学思想或理论，用"范型"或"计划"来定义教学模式显然将教学模式简单化了。

　　美国两位著名的比较政治学者比尔和哈德格雷夫在研究了一般模式后下的定义是：模式是再现现实的一种理论性的、简化的形式。比尔和哈德格雷夫的模式定义有三个要点：第一，模式是现实的再现。也就是说，模式是现实的抽象概括，来源于现实。第二，模式是理论性的形式。也就是说，模式是一种理论，而非工艺性方法、方案或计划。第三，模式是简化的形式。也就是说，模式这种理论性形式是精心简化了的，以简洁明了的形式表达，比尔和哈德格雷夫的模式定义较为科学地揭示了模式的本质，是可取的。①

三、关于教学模式定义的国内研究

　　在国内关于教学模式的定义，大致有三种看法：第一种认为模式属于方法范畴，其中有的认为模式就是方法，有的认为模式是多种方法的综合。第二种认为模式与方法既有联系又有区别，各种方法在具体时间、地点和条件下表现为不同的空间结构和时间序列，从而形成不同的模式。第三种认为模式和"教学结构与功能"这对范畴紧密相关，教学模式是人们在一定的教学思想的指导下，对教学客观结构做出的主观选择。上述教学模式定义在某些方面反映了教学模式的本质，但尚欠科学。第一种定义与乔伊斯和韦尔的定义有同样的简单化缺点。实际上教学模式既不是方法，也不是方法的综合。第二种定义实际上只承认模式与方法的区别与联系，指出了教学模式的形成，并非严格的科学定义。第三种定义触及了教学模式的本质，即结构与功能，但也不是一个严格的科学定义。那么，究竟应该怎样定义教学模式呢？当前国内有关教学模式的界说，大致有下列五种：①教学模式属于方法范畴。其中，有人认为教学模式就是教学方法，有人则把教学模式视为多种教学方法的综合。②教学模式和教学方法既有联系又有区别，各种教学方法在具体时间、地点和条件下表现为不同的空间结构和时间序列，从而形成不同的教学模式。③教学模式和"教学结构与功能"这对范畴密切相关。④教学模式就是在一定教学思想指导下所建立起来的完成所提出教学任务的比较稳定的教学程序及其实施方法的策略体系。⑤教学模式是在教学实践中形成的一种设计和组织教学的理论，这种理论以简单的形式表达出来。概括起来大致有两类见解：持过程说的学者将教学模式纳入教学过程的范畴，认为教学模式就是教学过程的模式，是一种有关教学程序的"策略体系"或"教学样式"。其中比较典型的提法是："教学过程的模式，简称教学模式，它作为教学论里一个特定的科学概念，指的是在一定教学思想指导下，为完成规定的教学目标和内容，对构成教学的各要素所设计的比较稳定的简化组合方式及其活动程序。"持结构说的学者认为教学模式属于教学结

---

　　① 孔丽芳.大学英语课堂教学艺术与应用实践［M］.北京：九州出版社，2018.

构的范畴。结构，从广义上讲，是指事物各要素之间的组织规律和形式。教学结构，主要是指教师、学生、教材三个基本要素的组合关系。从狭义上讲，教学结构指的是教学过程各阶段、环节、步骤等要素的组合关系。一般使用这一概念时，多是从后者来理解的。结构说的典型提法是"把'模式'一词引用到教学理论中来，旨在说明一定教学思想或教学理论指导下建立起来的各种类型教学活动的基本结构或框架"。

上述的第①种界说混淆了教学模式与教学方法之间的界限。教学方法与教学模式各有其独特的内涵，绝不能混为一谈。第②种和第③种界说都缺乏充足的科学依据，没有揭示出教学模式的本质。第④种界说用语不科学。教学模式是教学程序还是策略体系，没有说清楚。第⑤种界说会使人形成教学论就是教学模式的错觉。而美国人提出的教学模式界说，是把教学大纲与教学模式相混淆。因此，该界说不能成立，或者说是不科学的。

因此，确定教学模式的概念，既要考虑逻辑学对下定义的要求，又要注意汲取诸如系统论等新科学的研究成果，研究古今中外教育史上教学模式的发展规律，汲取现代教学模式理论的精华，并对教学经验进行分析、综合后，才能给教学模式下一个比较贴切的定义。笔者认为对教学模式的概念做如下理解较为妥当："教学模式是在一定教学思想或教学理论指导下建立起来的，较为稳定的教学活动结构框架和活动程序。""结构框架"，意在凸显教学模式从宏观上把握教学活动整体及各要素之间内部关系的功能；"活动程序"，意在突出教学模式的有序性和可行性。

四、教学模式的功能

（一）课堂功能

教学模式有什么功能呢？美国社会科学家多伊奇曾研究过一般意义的模式功能，指出模式一般具有四种功能：组合、启发、推断和测量。组合功能指模式能把有关资料（经验的与科学的）按关系有规律地联系起来，显示出一种必然性。启发功能指模式可以启发人们探索新的未知的事实与方法。推断功能指模式可以使人们依据它所提示的必然规律，推断预期的结果。测量功能指模式能通过说明各种关系，表明某种排列次序或比例。

多伊奇对一般模式功能的研究对我们认识教学模式的功能很有启发。笔者认为，教学模式的功能分为两方面：一是理论方面的功能。教学模式能以简化的形式表达一种教学思想或理论，便于为人们掌握和运用。二是实践方面的功能。教学模式的实践功能包括指导、预见、系统化、改进四种。指导功能指教学模式能够给教学实践者提供达到教学目标的条件和程序。预见功能指教学模式能够帮助预见预期的教学结果，因为它揭示出一种"如果……就必然……"这样的联系。系统化功能指教学模式能使教学成为一个有机的系统，因为教学模式是一个整体结构，对教学的各种因素都发生作用。改进功能指教学模式能改进教学过程、方法和结果，在整体上突破原有的教学框架。

（二）理论功能

由于教学模式是某种教学理论在特定条件下的一种表现形式，因此它比教学理论的层次要低，但又比教学经验的层次要高。"模式"这个词本身就是指一种根据观察所得加以概括化的框架结构，所以它比概念化的理论要具体；模式是围绕某一主题所涉及的各种因素和相互关系所提供的一种完整的结构。因此它一般还包括可供实施的程序和策略。但它又比经验层次高，这是因为它具有一种假设性和完整性，教学模式不只是简单地反映已有的教学经验，还要做出合理的推测来说明原型中的教学经验，做出合理的推测来揭示原型中的未知成分，它是反映和推测的统一。各种个别的教学经验，经过逐步的概括、系统的整理可以使它通过教学模式的形成而进一步提高到理论层面；各种理论通过相应的教学模式可以使它成为易于为实际工作者所接受的方案。

正是教学模式的这一特征，使它能较好地充当理论与实际经验之间联系的中介和桥梁。从某种意义上可以说，教学模式既是教学改革的产物，同时又直接促进了教学改革的发展。如果通过一段时间的努力，我们能逐步建立起具有各种类型的课堂教学模式系统，也能建立起像试题库一样的课堂教学模式库，这将使我们各级各类学校的教学逐步走向科学化。它还可以为刚参加教学工作的青年教师提供一些可供选择和参考的教学方案，使他们教有所据，从而很快地熟悉教学，使教学质量得到必要的保障。对具有多年教学经验的老教师来说，教学模式库的建立，也可以使他们不再囿于过去习惯采用的教学模式，为教学更加多样化提供了便利。同时各种课堂教学模式由于仅仅提供了一个大致的框架，还有待于在教学实践中进一步地具体化，这就为创造性的教学提供了各种可能。教学实践上的各种改革又将进一步促进教学模式走向完善，推动教学理论的进一步发展，从而形成"实践—理论—实践"的良性循环。①

第二节　教学模式的理论基础

一、建构主义教学模式

建构主义教学模式是在建构主义学习理论指导下建立起来的，是建构主义理论应用于课堂教学的教学模式。它提倡的学习方法是教师指导下的、以学生为中心的学习，其学习环境包括情景、协作、会话和意义建构等四大要素，因此，建构主义教学模式

---

① 王晓玲，曹佳学.跨文化大学英语教学：理论与实践［M］.成都：西南交通大学出版社，2015.

主张在教师指导下，以学习者为中心进行学习。学生是信息加工的主体，是知识意义的构建者，而不是外部刺激的被动接受者和被灌输的对象。教师则是意义构建的帮助者和促进者。概而述之，建构主义教学模式是指在教学过程中在教师指导下，以学生为中心，以探究为主要学习方式，利用情景、协作、会话等学习环境要素，充分发挥学生的主动性、积极性和首创精神，使学生有效地实现当前所学知识意义构建的教学程序及其方法策略体系。

建构主义思想自皮亚杰提出以来，在其对学生的学习进行考虑和反思的过程中发展形成了多种流派。各流派在对知识、学习、教师和学生等问题的看法上有许多共同之处，因而其对教学目标的要求基本一致，但因为各流派的侧重点不同，教学中所采取的教学方式和步骤也不一样。目前，研究比较成熟的有抛锚式建构主义教学模式、支架式建构主义教学模式、随机进入建构主义教学模式等。

二、研究性教学理念

研究性教学是建构主义学习理论下形成的与之相适应的一种教学模式和方法。建构主义理论包括认知建构主义和社会建构主义。认知建构主义的开创者皮亚杰和社会建构主义奠基人维果斯基都重视学习的认知过程，把学习看成是学习者主动"建构"知识的过程，而不是通过他人"给予"被动接受和使用的过程。"认知结构产生的源泉是主、客体相互作用的活动，在相互作用的活动中蕴含着双向结构。"[①] 以建构主义为理论支撑的研究性教学是指"学生在教师指导下，以类似科学研究的方式去主动获取知识、综合运用知识解决问题的一种学习方式。研究性学习与一般意义的科学研究具有一定的相似性，如在研究过程中两者都要遵守提出问题、收集资料、形成解释、总结成果这样一个基本的研究程序。在这里知识都以问题的形式呈现，知识的结论要经过学习者主动地思考、求索和探究"。由此可见，研究性教学理念的本质是学生主动参与的探索性学习，思维是学习的动力，学生是学习的主人，因此"外语是学会的"，"学"在这里是研习的意思。在大学英语教学中倡导研究性教学理念，应该说是为内容教学提供了一条新路。众所周知，外语是一门工具性质的学科，而大学英语的工具性就更被凸显出来。由于没有实质的教学内容，没有像高考这样重要的教学目标，大学英语的听、说、读、写技能训练因而就变得枯燥又机械。只有研究性教学，才使大学英语教学第一次有了真正的教学内容，并且在完成项目的研究过程中，学生的外语能力在实践中得到了锻炼，学生的思辨能力、创新能力得以发展，学生的学习能动性从根本上得到了改善。

但是研究性教学也不是完全淡化外语技能的培养，事实上，将所学的语言知识应用于信息获取、问题分析、精确讲说、书面写作等过程中更能培养学生把外语作为一门工具的语言能力。此外，研究性教学在大学英语中的应用又有别于英语专业的研究性教学。英语专业的研究性教学是对英语语言学、文学和英语文化等专业知识的学习

---

① 皮亚杰. 皮亚杰教育论著选［M］. 卢濬选，译. 北京：人民教育出版社，2015.

和研究，而大学英语的研究性教学是让学生在一定范围内自主选题，题目既可以是人文社会的，也可以是自然科学的，这样既锻炼了语言能力，又培养了思维能力，扩展了学生的知识面，一举多得。近年来，美国和日本等国家都设置了类似的"研究性"课程，其共同点是：重视知识的掌握，但更注重学习的方法，强调主动学习、科学精神与人文情怀并重。

三、人本主义学习理论

人本主义学习理论对学习本质的揭示是从人的自我实现和个人意义的角度加以阐述，认为学习是个人自主发起的，使个人整体投入其中并产生全面变化的活动，是个人的充分发展，是人格的发展、自我的发展。根据人本主义学习理论，美国心理学家马斯洛、罗杰斯等创立的人本主义理论提出了十条学习原则：

（1）人生来就对世界充满好奇心，人生来就有学习的潜能。

（2）当学生觉察到学习内容与自己的目的有关时，有意义的学习就产生了。

（3）当学生的信念、价值观和基本态度遭到怀疑时，他往往会有抵触情绪。

（4）当学生处于相互理解和支持的环境里，在没有等级评分却鼓励自我评价的情况下，就可以消除由于嘲笑和失败带来的不安。

（5）当学生处于没有挫败感却具有安全感的环境里，就能以相对自由和轻松的方式去感知书本上的文字和符号，区分和体会相似语句的微妙差异，换言之，学习就会取得进步。

（6）大多数有意义的学习是边干边学，在干中学会的。

（7）当学生负责任地参与学习时，就会促进学习。

（8）学习者自我发起并全身心投入的学习，最深入，也最能持久。

（9）当以自我批判和自我评价为主、他人评价为辅时，就会促进学习的独立性、创造性和自主性。

（10）现代社会最有用的学习是洞察学习过程、对实践始终持开放态度，并内化于自己的知识积累。

简而言之，人本主义理论主张废除以教师为中心的模式，代之以学生为中心的模式，而以学生为中心的关键，在于使学习者感到学习具有个人意义。人本主义学习理论强调学习是一个情感与认知相结合的精神活动。在学习过程中，情感和认知是彼此融合、不可分割的两个部分。整个学习过程是教师和学习者两个完整的精神世界的互相沟通、理解的过程，而不是以教师向学习者提供知识材料的刺激，并控制这种刺激呈现的次序，期望学习者掌握所呈现的知识并形成一定的自学能力和迁移效果的过程。由此可以理解，教学也不再是以教师为中心、以知识输入和讲解为主要方式的活动了。要使整个学习活动富有生机、卓有成效，需要以学习者为中心，深入其内在情感世界，以师生间的全方位的互动来达到教学目标。这不同于多年来我国大学英语教学课堂以教师为主体、以教师讲解传授为主要形式的教学方法。

四、后现代主义教学观

后现代主义教学观是在对教育"现代性"进行深刻反思的基础上形成的，具有开放性、超前性和创新性等特点。后现代主义在我国最早出现在 20 世纪 80 年代初的《读书》杂志上，1985 年美国杜克大学的弗·杰姆逊教授在北大开设了名为"后现代主义与文化理论"的专题课，在此之后，后现代主义在中国得到了快速发展。总体而言，它是对现代主义所崇尚的总体一致性、规律性、线性和共性及追求中心性的排斥，主张以综合、多元的方式去建构，具有非中心性、矛盾性、开放性、宽容性、无限性等特征。后现代主义教学观对大学英语教学改革的启示表现在以下方面：

（1）在打破"完人"教育目的观的同时，后现代主义者提出了自己的教学目的观。他们主张学校的教学目的要重视学生各方面的发展，不强求每个受教育者都得到全面发展，要培养符合学生自己特点及生活特殊性的人，造就具有批判性的公民。

（2）后现代主义认为现代主义的课程观是不科学的、封闭的。多尔从建构主义和经验主义出发，吸收了自然科学中的理论，把后现代主义课程标准概括为几个原则，即丰富性、循环性、关联性及严密性。

（3）后现代主义认为教学过程是一个自组织过程。自组织是一个通过系统内外部各要素相互作用，在看似混沌无序的状态下自发形成有序结构的动态过程。

（4）后现代主义的师生观认为，在传统的教学中，教师处于知识传授的中心地位，而学生处于被动和弱势的地位。教师是话语的占有者，学生的自主性和潜能受到了压制，故后现代主义认为，必须在课堂教学中创建师生平等对话的平台。在科学技术日新月异的影响下，知识的传播已经发生了很大的变化，教师的主要任务是教会学生使用终端技术和新的语言规则。师生关系中，教师从外在于学生的情景转向与情景共存，教师的权威也转入情景之中，其为内在情景的领导者，而非外在的专制者。

（5）后现代主义的教学评价要求实施普遍的关怀，着眼于学生无限丰富性发展的生态式激励评价，让学生充满自信，每个个体都各得其所，始终获得可持续发展的动力。它注重教学评价应该体现差异的平等观，即使用不同标准、要求，评价不同的对象，主张接受一切差异，承认和保护学习者的丰富性、多样性。①

五、学术英语教学理念

学术英语也是近年来在大学英语教学改革中提到的一个新的课程设计理念，它是针对在大学英语教学中盛行了几十年的基础英语提出的，基础英语的教学重点是语言的技能训练，包括听、说、读、写、译等，而学术英语分为两大类——一般学术英语和专门用途英语。前者主要培养学生书面和口头的学术交流能力，后者主要涉及工程

---

① 陆巧玲，周晓玲.网络环境下大学英语教学改革理论与实践［M］.上海：上海交通大学出版社，2012.

英语、金融英语、软件英语、法律英语等课程。以学术英语为新定位的大学英语教学，既区别于以往的以语言技能训练为主的基础英语，也区别于大学高年级全英语的专业知识学习或者"双语教学"，当然还区别于英语专业学生所学的人文学科方面的专业英语。它是基础英语的提高阶段，即在学生掌握了一定的规则和词汇，达到了一定的水平后，为他们用英语进行专业学习做好语言、内容和学习技能上的准备，是在大学基础教育阶段为今后全英语专业知识学习打下基础的一种教学模式。

第三节　大学英语课程管理的内涵及意义

长期以来，在英语教学理念和教学实践中，人们比较热衷于探索各种各样的人才培养方案、教学方法、教学模式等，却很少思考甚至忽略有效管理与大学英语课程建设的关系，更不用说采用科学的管理理论和实践来指导和推动大学英语课程建设。如何探索有效的大学英语课程管理，推动英语教学改革和发展，不断提升大学英语教学水平和教学质量，成为当前大学英语教学探讨的热点。

一、课程管理的内涵

目前，我国对大学课程管理这一术语有着不同的定义，下面列举了五种：

（1）课程管理是系统地处理编制技法和人、物条件的相互关系，以教育目标为准绳加以组织的一连串活动的总称，其管理的核心是课程编制。

（2）课程管理是对课程编制、实施、评价的组织、领导、监督和检查。

（3）课程管理是在一定的条件下，有领导、有组织地协调人、物与课程的关系，指挥课程建设与课程实施，使之达到预定目标的过程。

（4）课程管理是学校对教学工作实施管理，是学校管理者遵循教学规律，行使管理职能，对教学活动各因素进行合理组合，使教学活动有序高效地进行，从而完成教学计划和教学大纲规定的教育、教学任务。

（5）课程管理是部署和组织一定学校的课程设计，指导和检查一定学校课程的设施，领导和组织一定学校的课程评价。

这五种定义对课程的外延有着不同的理解：一种把课程看成是教学的下位概念，认为教学管理包含课程管理。另一种认为课程与教学存在一定联系，课程是教学的上位概念，其含义大于教学；在此基础上，它从微观、中观和宏观三个不同层次分析和讨论了课程管理，并将其定义为：大学课程管理就是在一定的社会条件下，课程管理者根据一定的管理原则和运用一定的管理方法，对一定课程系统的人、财、物、课程信息等因素进行决策、计划、组织、指挥、协调、控制，以有效地实现课程预期目标的活动。该定义适用于所有课程，对高校的课程管理具有较强的指导性意义。在该定义的基础上，可将"大学英语课程管理"定义为：大学英语课程管理就是在一定社会条件下，学校各级课程管理者依据一定的管理原则和运用一定的管理方法，对大学英语课程系统的人、财、物、课程信息等因素进行决策、计划、组织、指挥、协调、控制，以培养学生英语综合应用能力（特别是听说能力）和自主学习能力，提高他们的综合文化素养，以更好地适应我国经济发展和国际交流的需要。

从上述定义中可以看出大学英语课程管理活动涉及四个基本要素，即管理主体、管理客体、管理手段和方法、管理目标。这四个要素彼此相互影响、相互制约。大学英语课程管理的主体由学校主管教学的副校长、教务处、外语学院、大学外语教学部、教研室和教师等六个层次组成，完成从学校大学英语人才培养方案的制订，到实施这些具体工作。大学英语课程管理的客体范围较广，既包括教师和学生这样的"人"，也包括图书馆、实验室、自主学习中心这样的"物"，还包括教学经费的预算和实际支出、相关信息资源等。大学英语课程管理的手段和方法是衔接管理主体和客体的纽带，是管理主体对管理客体实施决策、计划、组织、协调、控制等管理职能。管理手段和方法是一个可变项，对成功的课程管理和高质量的人才培养有较大的影响。大学英语课程管理目标是大学英语课程系列活动要实现的目标，是学校大学英语人才培养的目标，是学校办学的核心指导思想。

二、大学课程管理的意义

长期以来，在大学英语课程管理方面存在"自然论"和"部门论"两种观点。"自然论"者认为，大学英语教学质量的高低优劣主要取决于教师的教学质量和学生的努力程度，如果教师的素质差，学生又不努力，无论怎样管理，效果也不会明显，"自然论"的本质是否定大学英语课程管理的功能和作用。"部门论"者认为大学英语课程管理是学校教学管理部门和专职管理人员的事，与其他职能部门和人员无关。需要注意的是，学校领导者如果能够在学校里营造一种积极的氛围，让广大教师和管理人员都主动参与到课程编制中，充分调动教师、管理者和学生三方面的积极性，以相互协作的方式来组织和实施教学，学校的教学质量和管理效益等将会大大提高。

（一）有利于强化责任意识

参与大学英语课程管理的人员上至学校主管教学的副校长，下至实施具体教学计划的普通教师，如果管理工作到位、分工细致、责任明确，每个环节的工作进展情况都会一目了然，哪儿出了问题，或者完成得没有计划得那样好，不用细究，都会知道是谁的责任。例如，教材征订、期末考核试卷命题制度、学生成绩的评判、补考时间和地点的安排、监考人员的安排、调课和停课的管理、课堂组织等工作分工明确，如果出了差错，自然有人承担责任。因此，如果加强课程建设和管理工作，明确责任和义务，教学管理过程中的每个人不仅要尽心尽力履行好自己的职责，还要精诚协作，一起做好管理工作。

（二）有利于提高模块化工作的效率

大学英语课程管理工作的周期较长，可分为显性管理时段（一、二年级修大学英语的学生，大学英语为他们的必修课）和隐性管理时段（三、四年级没有大学英语必修课程的学生选修大学英语公选课程，参与第二课堂活动）。为了提高管理效益，可将工作划分成若干模块，即贯穿整个管理工作的大小事务可以分成若干模块（如教学计划的制订、教学计划的实施、第二课堂活动的设计、网站的建设、师资队伍的建设、学生反馈意见的收集、与其他学院教务人员的联系等）。进行模块化管理是大学英语课程管理工作的一大特点，由于很多模块化工作具有阶段性特征，每个模块就犹如链条中的一环，只要它们运转正常，整个链条就不会脱节，就能实现大学英语课程管理的整体化管理效益。因此，加强课程管理能保证模块化工作的顺利开展，既能深化大学英语教学改革，又能提高学生英语技能。

（三）有利于开发课程资源

模块化的大学英语课程管理通过不断地改进和完善管理，把课程建设向纵深推进。各模块的负责人竭尽全力地集思广益，加强自己分管模块的建设工作，以更好地服务于学生。例如，在管理过程中，课程开发模块通过问卷和访谈等形式征集学生意见，不断推出大学英语公共选修课程，以满足个性化选课需求，真正确保把成才选择权交还给学生；第二课堂模块会以趣味性、参与性等为活动宗旨，不断丰富活动内容和形式，确保第一课堂和第二课堂之间的联动；大学英语网站建设模块会紧跟时代步伐，基于学生学习需求不断地更新网站内容，以促进学生的自主学习；其他模块也不断采取措施，深挖自己模块的资源，以便更好地服务于学生。

（四）有利于优化第一课堂内容

随着大学英语教学改革的不断推进，各校正逐渐摒弃过去那种计划性课程安排，即老师的教学班由大学英语部统一安排，学生没有选择教师的权利。这种课程安排模式忽视了学生对课堂教学质量的反馈，不利于激发教师的教学积极性，从而最终影响全校的大学英语教学质量。实施把成才选择权交还给学生这一教学改革措施后，学生具有挑选教师的权利，那些囿于传统教学方法、课堂缺乏互动、信息素养跟不上时代发展要求的教师，就很少有甚至不会再有学生选修他们的课程。这一改革迫使教师不断更新教学内容，丰富课堂活动，注重教学质量。对于学生还没有选课权的学校来说，强化大学英语课程管理同样能优化课程内容。因诸多的教学管理过程能显示出某位老师的教学质量。例如，中期检查时，通过领导和同行的听课可以了解老师的教学积极性和投入度、教学模式，以及学生的课堂参与情况等，通过学生座谈可以获取学生对该教师教学的整体接受度，通过学生平时成绩记分册可以洞察老师是否始终如一地坚持认真教学。期末考试后，通过纵向（与这个班上学期的成绩比照）和横向（与本学期其他教学班比照）比较，可以了解学生的英语水平发展状况。因此，一旦把课程作为一个评价单元，教师所要承担的责任就比较明晰了，教学效果不理想，教师就难辞其咎。

（五）有利于学生了解大学英语课程建设轨迹

加强大学英语课程管理的终极目标是为了提高教学质量，最大受益者是学生。因此，在开展各项活动之前，要去考虑学生能否从这项活动中受益，受益有多大。同时，也应看到大学英语课程管理是多层次、多维度的。虽然开展的有些活动和采取的管理措施是以学生为间接受益者，但是他们从中可以关注到本校大学英语课程管理和建设的轨迹。例如，为了展示自己的课程建设成绩，各校会积极申报各级精品课程和视频公开课、各级教学成果奖、各级优秀教学团队、各级优秀教材建设、各级优秀教学课件等，这些活动的申报书会涉及课程管理和建设所采取的措施、取得的成绩、优势或强项、下一步的建设目标等。学生掌握这些信息后，不但了解了本校大学英语课程管理和建设的过去，还清楚了学校下一步的教学改革方向，最重要的是能以此为蓝本对自己的大学英语学习进行规划和定位。

三、大学英语课程管理的内容

大学英语课程管理包括课程生成系统管理、课程实施系统管理和课程评价系统管理三大板块。课程生成系统探究如何将教育思想、教育观念和教育理论融进课程总体方案，在此基础上确定课程教学目标、课程内容等；课程实施系统研究教师如何有效地传授知识，让学生把一门课程的内容内化成自己的知识和技能；课程评价系统旨在保障课程质量。大学英语作为独立的课程而自成体系，由于各学校的校情不同，管理的内容和管理模式自然就有所差异。在过去 20 多年的大学英语课程管理中，我们加强了以下五方面的建设力度：

（一）制定教学文件

教学文件是课程建设的指导性文件，它包括各门课程（含大学英语在内）的教学大纲、课程描述、教学安排、教学进度表、考试大纲等。在这些文件中，最重要的是教学大纲和课程大纲。教学大纲是学校教学的总领性文件，指导本校人才的培养方向。每门课程的教学大纲可从以下方面对该课程进行描述：教学对象、教学目的、教学要求、选修课程、教学安排、教学环境、评价形式、教材和参考书、教学中应注意的问题。课程大纲是严格按照教学规律制定的一门指导性文件，它是教材编写或选用、组织实施教学、课程评价、教学过程检查的主要依据。大学英语课程大纲的制定应该是国家语言政策和语言教育政策以及社会和个人对英语教学需求分析结果的产物，涉及相关学科领域，尤其是外语教学理论研究、心理学和教育学等领域的最新研究成果。有条件的学校应该对大学英语教学大纲格式进行统一要求，然后汇编成册，作为课程资源和选课参考资源供学生随时查阅。

（二）完善课程体系

课程设置和教学大纲是课程管理的集中体现，也是课程管理的主要依据。《大学英语课程教学要求》明确指出，各个学校应当根据本校的实际情况，按照《大学英语课程教学要求》确定本校的大学英语教学目标，并以此为基础设计本校的大学英语课程体系。该课程体系除了包括传统的面授课程以外，更应重视开发基于计算机、网络的大学英语课程，将综合英语类、语言技能类、语言应用类、语言文化类和专业英语类等必修课程和选修课程有机结合，形成一个完整的大学英语课程体系，以确保不同层次的学生在英语应用能力方面得到充分的训练和提高，第一课堂是人才教育的主战场，要培养我国经济发展和国际交流的高素质人才，就必须对本校资源和学生需求进行充分的调研，从是否有足够的理论依据、是否适合学生目标、是否具有成功实施的可能性、是否具有效果的可评性四方面对拟设课程加以论证，在此基础上构建完善的大学英语课程体系。该体系可包括大学英语周末强化课程、大学英语预修课程、大学英语必修课程、大学英语通识课程、大学英语选修课程、英语辅修专业课程、双语课程和专业英语课程。①

（三）建立课程管理机制

课程管理是围绕教师的教、学生的学和资源利用开展的管理。建立健全的课程管理制度是为强化课程管理，稳定教学秩序，加强教学质量控制而制定的系列规章、制度、条例、规则、细则、守则等。它具有一定的制度效应和约束力，是全体师生和教学管理人员必须共同遵守的行为准则。完整的大学英语课程管理机制包括学校、教务处、校学生会、校团委、外语学院等相关部门制定的相关规章、制度、条例、规则、细则、守则。就外语学院来说，这方面的制度常见的有"教师教研活动制度""教师集体备课制度""教师集体阅卷制度""教师听课、评课制度""教师调、停课管理规定""多媒体教室使用规定""大学英语自主学习中心使用细则""外语学院资料室借阅细则"等。这些规章制度有利于推动规范化管理，约束大学英语教师和相关管理人员的行为，提高办学效率和资源利用率，为大学英语教学整体水平的提高打下坚实的基础。

（四）整合课程资源

课程资源是制约学校课程发展的一个重要因素。学校课程的丰富多彩和独特课程个性的形成，都需要大量的课程资源予以支撑。英语课程资源是指包括英语教材在内的一切有利于培养和发展学生综合语言运用能力、提高教师素质的物质条件和其他非物质条件。非物质的课程资源主要包括英语教师、学生、学生家长和其他社会人士。校内物质条件方面的课程资源主要表现为各式各样课程教学材料的实物或形式。

---

① 李红霞.大学英语教学研究［M］.天津：天津科学技术出版社，2017.

（五）加强师资队伍建设

严格来说，教师也是课程资源。由于教师是教学活动的主持人、课程的设计者和提供者、教育市场上商品的厂商，在课程管理和建设中有着不可替代的作用，是左右教学质量的关键因素之一，因此要单独讨论。各校应该充分分析和利用本校的大学英语教师资源，根据具体的业务水平、专长和特点，一方面按照"职才相应"和"按需设岗"两大原则合理安排工作，做到"知人善任，扬长避短"。另一方面，要多渠道、多模式地开展教师培养，如学历提升、国内外短期访学、到名校进修并移植某门课程、学术沙龙、教授帮带、和外教联合授课、说课竞赛、同行和领导听课，以绩效观测、全面衡量、动态发展为考核原则，制定考核指标和考核时间，引导教师在规定时间内全面提升自己的教学能力和研究能力，以适应新时期大学英语教学。

第四节　大学英语教学模式的现状分析

目前，我国高等教育仍未脱离普通高校旧有的传统教学模式。事实证明，传统教学模式远不能满足高等教育培养目标的需求。为此，必须建立一种具有中国特色的，能够培养出高级技术复合型人才的现代教学体系。

一、"传统教学"存在的弊端

面临信息社会与知识经济时代的到来，传统教学模式已明显地暴露出了固有的弊端。例如，单一的教学手段；教师"一言堂""满堂灌"的教学方法；教材内容的陈旧滞后，教学与科研生产相分离；教师知识结构的老化等。传统教育模式必然要受到以下三方面的冲击与挑战：一是缺乏竞争意识，无法应对市场经济的冲击。市场经济的全球化正在影响着人才的走向，而经济竞争即是对人才的竞争。二是封闭式的教学弊病无法应对知识经济的挑战。当今社会已进入知识经济主导下的"学习革命"时代，学校教育与社会实践开始要为社会创造效益，且学生毕业走上就业岗位后仍需不断地学习。三是传统教学模式不能像现代教学方式一样充分利用高速网络与信息传输技术、高效的教学设施、先进的教学手段和现代化的教学环境。

近年来，人们对大学英语教学改革的呼声越来越大，大学英语教学低效费时的弊端日益受到人们的关注。为了促使我国大学英语教学改革，提高大学英语教学的效率，必须先对大学英语教学中存在的问题进行探索。

（一）大学英语教学问题综述

我国学生从小学到中学、大学，甚至到硕士、博士，将大量的时间和精力投入英语学习，特别是自从举行全国四、六级统考以来，大学英语教学受到了空前的重视。因我国学生英语的整体水平不高，虽然目前各高校英语教学条件、设施都得到了较大的改善，学校领导、教师及学生都付出了较大努力，但始终没能获得应有的成果。另外，对于非英语专业的学生来讲，学习英语的目的多是为了应付英语四、六级考试，一旦过关就把英语抛到脑后。当然也有一些学生对英语学习非常重视，将大量精力放在英语学习上，甚至抛下了专业课知识。虽然花费了不少时间，但是真正遇到外国人时还是说不清，对方也听不懂。种种问题的确是很让人无奈。[①]

学生英语水平普遍不高与英语教学的方式存有很大关联。在课堂上，教师一直讲，学生一直闭口听、记笔记，却害怕开口、害怕提问。下课后，学生也只是背单词、背笔记、做机械性的训练。这样完全没有启发式的教学，使得学生既无法提高对英语学习的兴趣，也无法提高英语学习的成绩。

（二）大学英语教学中的具体问题

1. 受"应试教育"的制约

应试教育是传统英语教学模式的一个基本目标。它与素质教育的根本区别在于"考试观"的不同。考试主要具备两种功能：评价功能和选拔功能。在"应试教育"思想的长期影响下，人们更加看重考试的选拔功能。比如，大学英语四、六级考试早已成为大学英语教学的"指挥棒"，通过率的高低是评价学校及教师的一个主要标准。这又使四、六级考试的应试性特点得到了强化，使考试失去了其应有的作用，提高学生英语应用能力的目标得不到落实。事实上，语言学习应该做到多听、多说、多读、多写，特别是多背。语法知识固然很重要，但获得外语的"语感"更加重要，这样一来就需要背诵。没有背诵，也就失去了外语学习的"脊梁骨"。不仅是背单词，更重要的是背诵课文。英语四、六级考试的题型主要是选择题。这就是学生将大量的时间花在背语法、词汇，做大量模拟试题上的原因。学生更加看重答案的标准性、唯一性，不愿意诵读课文，忽视了课堂上的讨论和交流，在心理上很排斥交际活动，过分依赖教师的讲解，逐渐丧失了思考、质疑、创新的能力。虽然具备了较强的应试技巧，但交际素质很低。此外，传统的英语教学模式是单调乏味的。它严重制约了英语教与学两方面的积极性。教师在课堂上习惯性地采用以讲授为中心的、单向的、非交际的"满堂灌"教学方法，使原本应当生动活泼的学习过程变得死气沉沉。在这种呆板、单一的教学模式中教师机械地讲、学生被动地听，课堂教学无法活跃和互动起来，学生的语言交际能力得不到提高。这样教学过程一味简单地重复，也就失去了新奇性。对学生来说，他们原本处于被动地位，如果接受知识的过程始终单调乏味，课堂学习效率就很难提高。

① 卢桂荣.大学英语教学研究：基于 ESP 理论与实践［M］.北京：光明日报出版社，2013.

2. 教学模式和教学方法单一

目前，我国英语的教学模式存在呆板和落后的问题，主要体现在两方面：首先，我国的英语教学仍然沿用传统的模式。在英语教学中，教师不但要向学生传授必要的语言知识，还应该启发和引导学生运用所学进行广泛的阅读和其他交际等实践活动。但是，在相当长的一段时间里，我国的英语教学一直都采用"书本加黑板"的教学模式。这种模式不仅忽略了教与学之间的关系，而且忽略了英语教学的根本目的是要培养学生的交际能力。此外，学生出现了独立运用语言能力差、对教师依赖性强、"高分低能"等现象，造成很多学生"只会考试，不会实践"。

其次，教学手段单一落后。随着现代技术的发展，在教学中出现了很多现代化的教学手段，使学生可以在更广泛的范围内接触和学习英语。但从实际情况来看，现代教育技术在英语教学中的应用还是不够。尽管一些学校使用了诸如多媒体、网络等教育手段，但实际效果并不理想。这一方面是由于学生数量多与现代化设备相对较少两者之间产生矛盾，从而在整体上缺乏多媒体学习环境所导致的；另一方面也与学校乃至英语教师本身不重视现代教育技术的真正作用，致使很多现代化教育设备无法发挥其训练和实践的功用有很大关系。由此可见，要激发学生对英语学习的兴趣，提高他们综合运用英语的能力，必须改革英语教学手段，优化学生的学习环境。

3. 教材选择存在弊端

教材在很大程度上决定着课程的教学目的和教学方法。因此，对于任何一门课程而言，教材的设计和选择都非常重要，甚至决定了这一门课程教学的成功与否，英语教学也不例外。目前，我国非英语专业大学英语教材在内容选择上重文学、重政论，忽视了现代的实用性内容。自改革开放以来，社会各方面都得到了较快的发展，但是外语教学却止步不前。特别是在教材上，教材内容已与现代社会脱节，教材设置目的已不能满足现代外语教学的需求。20 世纪 90 年代以来，虽然我国引进了合编的或原版的英语教材，并在我国本土教材的设计上有了较大改变，教材编写与内容挑选基本实现了英美文学取向的教材，其中不少选文出自名家，但是这些教材只追求"可教性与可学性"，而忽视了实用性，学生从课本上学到的知识不能在社会交际中得到应用，从而渐渐失去对英语学习的兴趣。

要想设计一本好的英语教材，应该考虑以下六个因素：

（1）好的教学指导思想。

（2）内容的安排和选择符合教学目标。

（3）体现先进的教学方法。

（4）教材的组成是否完整，包括学生用书、教师用书、练习册、录音带（或录像带、多媒体光盘）等组成的立体化教材。

（5）教材的设计是否合理，即教材的篇幅、版面安排、图文比例和色彩等。

（6）教材语言的素材是否真实、地道。

总而言之，作为教材的直接使用者，教师可以结合以上因素对教材的设计提出建议，开发出适合我国学生的科学性教材，从而促进我国英语教学的发展。

二、大学英语教学改革需要寻找新定位

近年来，大学英语教学改革已取得了明显成效：标准建设取得了重大进步。教育部于 2007 年制定印发了《大学英语课程教学要求》，作为各高校组织开展非英语专业本科生英语教学的主要依据。教学方法取得了重大进步，充分利用现代信息技术特别是网络技术，构建基于课堂和计算机的大学英语教学新模式。项目建设取得了重大进展。全国 100 所高校成为大学英语改革示范点，教师队伍建设取得了重大进步。教师整体学历和教学能力在逐年提高。四、六级考试改革稳步推进。但是必须看到，大学英语教学改革还存在很多不容忽视的问题：教学模式相对单一；大学生英语综合应用能力不强；大学生英语学习的积极性、主动性、创造性不强；教师业务水平和教学能力有待提高等。如何解决这些问题是大学英语改革的新目标。[①]

三、课程建设的必要性

课程建设的必要性表现在以下方面：首先，可以给大学英语改革带来新的动力。当前大学英语课程教学主要问题在于：大学英语教学仍旧以普通基础英语为主要教学内容，不具备实用性和社会交往性，无法适应经济发展的需要，课堂教学内容与就业需要关联不大，无法形成学生主动学习的内驱力；教学方法落后、教学模式陈旧，很少甚至没有学生的自主性、主体性、实践性；教师和学生都无法从宏观上充分看到英语学习的即时价值和意义，把语言学习和社会、经济发展剥离开来。因此，以培养学生书面和口头学术汇报能力为目标的大学英语"研究型"课程可以给大学英语改革带来新动力。

其次，可以满足新一代大学生对大学英语课程的需求。90 后（指 1990 年以后出生的人，下同）的新生代在网络和多媒体环境中长大，他们用于日常交际的英语能力较过去的大学生有很大进步。但是他们的应用能力较弱，双语和全英语专业课上听课、要点记录、观点陈述，以及原版教材和专业文献阅读、论文及摘要撰写等方面语言能力缺失。《大学英语课程教学要求》提出了实施基于计算机和网络的教学模式，强调了培养大学生英语综合应用能力。因此，应针对新一代大学生同一时间能承担多重任务，通过感官学习、反馈快速等特点，调整教学定位，力争将其培养成能熟练使用外语的工程技术人才。

最后，可以推进教师职业化进程。提高人才培养水平，最根本的是提高教师质量；提高大学英语教学质量，最根本的也是提高教师教学水平。尽管近年来大学英语教师队伍建设稳步发展，但这支队伍的业务水平和教学能力还不能完全适应大学英语教学改革的新要求，表现在观念陈旧、教师角色转变等问题上。所以在新课程体系建设的背景下，教师必然要更新观念，转变角色，提升学术水平和教学水平。

---

① 邢新影.大学英语口语教学理论与实践［M］.长春：吉林出版集团股份有限公司，2009.

四、"现代型教学"模式

由"传统型教学"到"现代型教学"的转变，必须从教学观念、教学内容与方法等方面进行变革。

（一）教学观的转变

现代教学观是主张以教师为主导、以学生为主体、以就业为导向，实现培养目标和培养规格，并以现代新技术为支撑的教学观点。采用以网络技术为依托的实验手段，依靠计算机、多媒体和远程通信技术，对教学内容、教学组织形式进行彻底变革。利用网络教学、双向教学、远程教学拥有的软件资源，开发学生智力，培养自我学习与探索新知识的能力。教学、科研和应用有机结合。以现代信息技术为依托，以科研促进教学与应用。开拓新知识，增强科研意识，提高师生的实践创新能力。以研究带动应用。其重点与难点在于探索问题、研究解决问题与成果应用三个环节。前者必须具有应用意识，后者则必须具有相应的实践技能。而这种能力的培养需依靠"现代型教学"。

（二）课程观的转变

教学内容和课程体系的改革应遵循以下基本原则：必须反映当今社会的生产力水平及科技新成果，这样有利于促进生产力发展；要反映人才培养目标和规格需要；要体现近代文化、科技创新；要精选教学内容，因材施教，有利于学生能力的培养与可持续发展。

课程的设置与内容的选取：以社会需求为目标，以应用能力的培养为主线，设计相应的培养方案，构建相应的课程与教学内容，基础理论课程以应用为目的，实践教学应占有较大的比例，着重培养学生的应用能力。

（三）教学方法的转变

由传统方式向互动式转变。传统教学把重点放在"什么是什么"的事实类知识的传授上，学生只能处于被动的地位，并过分依赖于教师的讲授，缺乏对知识结构的深入探讨。互动式教学以动态问题为主，启发学生主动思考、积极参与，教师的主导作用是知识的引导与教学的组织，并将教师的主导思想转化为学生自主的学习行动，从而获得好的教学效果。

由封闭式向开放式转变。现代型教学以现代高科技信息技术为依托，将以学校为主的传统封闭式教学转变为开放式教学，通过校园内外的网络开通多媒体教学、空中课堂、网上教学，及时获得新的知识。信息高速公路的实现必将成为最理想的开放式教学手段。

由理论教学向实践教学转变。传统教学着重于课堂教学，并强调理论的系统性和完整性。现代型教学则着重于实践课教学，使学生拥有充分的时间进行实训以掌握技术要领，尽快地提高学生的实践能力。

现代型教学的优点在于采用因材施教的分层次个性化教学手段。由于各大专院校大量扩招，导致在校学生人数多，大课教学目前还普遍存在。在此情况下，协同学习是一种很好的弥补方式，通过课堂讨论学习的方式，使学生之间学会交流、合作、竞争，在此基础上积极营造新环境，发现学生的个性，分层次、分阶段地实施教学，逐步完成因材施教的个性化教学。

（四）现代型教学的实践模式

在高等教育领域，国际上比较成功的现代型教学实践模式有德国的"双元制"教学模式，即企业与学校合作进行职业教育的模式。受训者既是企业的学徒，又是学校的学生，故称"双元制"。受训者接受理论和实训两门课，理论课与实训课学时之比为 3：7，理论课可在学校进行，实训课在企业进行，注重受训者的实践技能、技巧的培训。

北美较为流行的能力本位的教学模式，是将一般知识、技能、素质与具体职位相结合，以整合能力管理为理论基础，以模块为课程结构的基本特征，以"学"为中心，学习以自主学习的方式来进行。首先对原有的学习能力进行自我认可，确定能力的学习目标，其次进行自学活动，随即在现场进行尝试性能力操作。最后参照标准进行自我评定，达到全部目标者可获得国家承认的证书和学分。

我国习而学的教学模式。这种模式提倡的是边做边学，理论联系实际，学以致用，以达到学习水平和业务水平相互促进、共同提高的目的，培养出来的人才更能适应工作岗位的要求。

（五）更新教师知识

现代型教学比传统型教学更先进、更进步，其中包括以应用为主的多种形式。要奠定坚实的现代型教学的基础，教师知识的更新是关键。教师要树立继续学习、终身学习的思想。教师不能只满足于现有的知识水平，而应不断学习，更新知识结构，使自己处于学科的前沿。教师还必须承担一些具有创新性的研究课题。根据对课题的研究和探索，深化自己的专业知识，力争成为本学科的学术骨干。教师也应当深入生产实践，走产、学、研相结合的道路，在生产实践中获得足够的经验，力争成为"双师型"教师。

五、现代型教学的特点

现代型教学具有时代的开放性，以现代信息技术为依托，将教学、科研和应用有机结合，以教研促科研，以科研带教研和应用。现代型教学与传统型教学相比，具有如下特点：

（一）教学观念的创新性和前瞻性

在教学思想方面现代型教学比较注重知识的专题性、前沿性、开拓性以及对现状的把握和前瞻，以现代信息技术为依托，重点放在实践教学上，以社会需求和培养应用型人才为目标，以创新为目的。

（二）教学内容的互补性和实用性

现代型教学在高校中是将系统教学与专题研究、理论教学与实验教学、研究与应用紧密结合，教学内容的选取是以社会需求为目标、以技术应用能力的培养为主线，突出实用性，重在培养学生独立发现问题、解决问题的思维和实际操作能力。

（三）教学方法的直观性和科学性

现代型教学不仅利用传统的挂图、模型、幻灯、投影仪等教具，还充分利用现代科学技术手段，如用网络、多媒体，综合计算机，图形，图像处理，电子技术，影视艺术，音乐美术，教育学，心理学，教学法等诸多学科与技术，集文字、图形、图像、声音、视频、影像、动画等各种信息于一体，使抽象、深奥的信息知识简单化、直观化，缩短了客观事物与学生之间的距离，并能充分调动视觉、听觉能力，集中学生的注意力，提高其掌握知识的能力。

（四）教学模式的职业定向性

无论是德国的"双元制"还是我国的习而学教学模式，或是能力本位教学模式，都是以社会需求为目标，以某一岗位群为目标来组织教学，培养学生的职业能力，因此，具有明确的职业定向性。[①]

（五）教学能力的知识性

现代型教学将基础教学与应用教学、传授知识和研究新课题结合起来，并立足于学科的前沿，力求培养出适应时代的创新型人才。

现代型教学要求教师不断更新知识，力求在教学中做到"新、博、独、深、精"。"新"，即用新观念、新思想、新方法，讲授新内容，使学生有耳目一新之感。"博"，即知识渊博，讲授内容广博，信息量大，使学生广学博收。"独"，即用独特的方法，讲授独到的见解，培养学生独立思考、独立研究的能力。"深"，即深入讲授、深入探索、深入研究，有意识地培养学生探索和研究问题的意识以及信息调研的能力。"精"，即精心准备、精心实施、精讲多练，使学生易学、易记、易用。总而言之，培养21世纪的高等职业专门人才，需要有全新的思想观念、优化的课程体系和高水平的师资队伍，课堂教学要以社会需求为目标。我们每一位从事高校教育的教师，都必须以提

---

① 邢新影.大学英语口语教学理论与实践［M］.长春:吉林出版集团股份有限公司,2009.

高学生的实际应用能力为目标，认清从传统型教学向现代型教学发展的必然性，从教学观念、教学内容、教学方法、教学模式和教师知识结构等方面深入探究现代型教学及其特点。

第四章　大学英语教学模式的实践

英语教学的主要目的是使学习者能够熟练使用语言，从而达到交际的目的，为社会输送更多的英语人才。在社会环境与国际环境变化的形势下，对大学英语教学模式进行改革成为提高英语人才素质的重要方式。本章对任务型教学模式、情感教学模式、分级教学模式、模块教学模式、研究性学习教学模式、ESP 框架下大学英语教学模式进行分析，探讨英语教学模式的实践研究。[1]

第一节　任务型教学模式

任务型教学不仅是新课程标准极力倡导的一种新颖的教学模式，也是为适应教学改革而提倡的一种教学理念。该教学理念有效弥补了传统英语教学中语法教学同实际运用背离、语言形式同语言运用割裂的不足。为了对任务型教学模式有更加系统、清晰的认识，下面就结合任务型语言教学模式的产生背景、基本模式以及优势与局限等进行具体分析。

一、任务型教学模式产生的背景

任务型教学模式的产生，在很大程度上依赖于近些年来在语言习得方面对英语教学影响比较大并具有代表性观点的交际法。提及交际法，通常还会涉及"交际能力"这一概念，该概念最早是由著名的社会语言学家海姆斯（D.H.Hymes）提出来的。交际能力包括语言能力、语言运用两大方面的内容。继此之后，交际法的教学目的就体现为交际能力。

交际法从 19 世纪 70 年代起就非常盛行。根据交际法的观点，人们通常所说的语言包括语法、词汇和语言功能这三大方面的内容，如表达建议、请求原谅等。交际法要求学生在说和写的过程中，务必要意识到正确使用语言的必要性，并且还应注意符合说话人、对话人的身份以及场合等。交际法还认为应营造一种与现实生活相贴近的课堂环境。如果学生能够充分地接触他们所要学习的语言，就有机会使用它。学生在

---

① 卢桂荣.大学英语教学研究：基于 ESP 理论与实践［M］.北京：光明日报出版社，2013.

真实、与生活相贴近的环境中学习语言，其学习热情也能被充分激发出来。如此一来，在具体的实际运用中，学生也能够自如、广泛地使用该语言。交际法具有很大的优势，其优势主要表现在能让学生兼顾语法规则（语法的学习）和用语言进行交际这两大方面。除此之外，交际法并不苛求过分纠正语言错误，该教学法还认为对外语的掌握是从不完善的中介语逐渐地过渡到不出错地完善语言这一过程的。诸如此类的新思想、新观点都得到了很多教育家的支持和赞赏。但是，也有一部分教学法理论家质疑这种教学模式，他们主要针对以下两点内容提出了质疑：①在交际法的具体运用过程中仅重视语言意义而忽略了讲解语言形式；②在学生使用语言进行交际时仅注重语言的流利度而忽视了语言的准确性，但是在处理如何更好地规避这些错误和放任自由的现象时，却有失妥当。

到了 19 世纪 80 年代，普拉布（Prabhu）进行了一场有关交际法的实验，该实验名称为班加罗尔实验（Bangalore Project），实验的对象为印度南部地区 8~12 岁的小学生，实验历时 5 年之久。在这一实验中，提出了很多实验的类型，同时还将学生的内容设计为各种各样的交际任务，旨在让学生通过任务的完成开展相关的语言学习。普拉布的这项实验引起了语言学界的广泛关注，并被认为是将"任务"作为课堂设计的第一次尝试。该次尝试也成了任务型语言教学的开篇。随后，越来越多的国外语言学家陆续投入到有关任务型语言教学的研究热潮中。纽南（Nunan）、简·威利斯（Jane Willis）等人都将任务看成探讨的关键，并从不同角度对交际任务进行理论层面的探索和实证的研究。很多学者逐渐意识到，语言的输入并不能保证语言的习得。语言习得的关键因素在于交互活动、意义协商、语言输出等，只有任务得以实现并完成，学习者才能更有效地进行交互活动、意义协商、语言输出。只有不断、持续地进行深入探讨，任务型语言的体系才能升华为理论模型，进而被人们广泛接受。

二、任务型教学模式的基本模式

截至目前，有关任务型语言教学理念层面的研究要远远多于实践的研究。在诸多关于任务型语言教学模式的研究中，英国著名语言学家简·威利斯的研究最为典型。

任务型教学的基本模式包括前任务阶段、任务环阶段以及语言焦点阶段。其中，前任务阶段就是任务前阶段的另一表述，这一阶段作为起始阶段，主要给学习者提供对其有益的语言输入，通过一些有益内容的输入来帮助他们熟悉将要开展的话题，对新词以及短语等进行有效识别。该阶段的目的主要是使主题内容更加鲜明、突出，同时激活相关的背景知识。①

任务环阶段是任务中阶段的另一种表述，该阶段主要包括"任务—计划—报告"这三大环节。在此阶段，学生结对并以小组为单位来完成任务，学生在进行具体交谈的过程中可以畅所欲言，他们的语言使用也是自然发生的。计划阶段是为汇报做准备的，此阶段从对语言流畅性的关注逐渐过渡到对语言准确性的关注上。在汇报阶段，

① 吴丹，洪翔宙，王静.英语翻译与教学实践［M］.长春：吉林人民出版社，2017.

学生可以使用正式、严谨的语言向全班的学生进行简要汇报。

语言焦点阶段是指任务后阶段。语言焦点阶段是在历经了任务环阶段之后，学生对语言有了整体的接触。语言焦点阶段又可进一步分为分析和练习这两个小阶段。在分析阶段，对学习者提出了具体要求，即应通过观察分析对其中的规则进行概括和归纳。在练习阶段，教师应适当地对练习进行控制，主要是为了起到一定的总结作用。

结合我国当前外语教学环境的实际，并在有效地借鉴任务型教学模式的基础上，我国学者鲁子问提出了真实任务教学的课堂教学程序，具体如表4-1所示。

表4-1 真实任务教学的课堂教学程序 [①]

时间顺序阶段	任务前	任务中	任务后
目的阶段	（1）任务的呈现 （2）任务的准备	（3）任务的完成	（4）任务的反审
教学活动	引入任务情景，理解任务要求准备内容，准备语言	达成任务结果	有引导的反审 无引导的反审

在上述三个阶段中，任务中阶段是任务型课堂的必要阶段，而任务的实现、任务的准备以及任务的反审都应围绕任务中阶段逐步开展。

三、任务型教学模式的优势与局限

（一）任务型教学模式的优势

任务型教学模式重视学生在语言学习过程中的具体交际过程，并将任务作为活动单位，课堂教学主要由诸多连贯的任务构成。另外，任务型教学模式还强调学生间和师生间的互动，并试图创建一个自然、真实的语言情景，让学生在完成每个具体任务的过程中，借助有意义的协商、交流、做事等来运用语言，从而使学生的语言综合能力得到良好的发展。这一教学模式的优势主要体现在以下四方面：

（1）任务型教学模式目标具体、明确，和一般的课堂操练存在着很大的不同。这一教学模式不仅重视培养学生自主完成任务的策略、能力等，同时也关注学生在具体任务完成过程中的参与程度以及在具体的交际活动中所获得的情感体验。因此，运用这种教学模式进行语言教学能让学生在各种各样的任务形式如小组活动、结对活动中相互合作，同时实现资源的共享，学生在做中学、学中用，不仅有利于学生开展充分的自主实践性活动，而且对激发学生的学习动机也非常有益。学生在完成具体任务的过程中还可以非常明显地感受到自己的价值。当然，一些学生还能通过亲身实践更好地认识自己的不足之处，使完善自我的愿望能够得到很好的激发，以唤醒持续学习和成长的内在动力。

（2）任务型教学模式以学生为中心，教师仅作为组织者、帮手、引导者等角色参与教学，在这一模式下的英语教学中，学生有更多参与合作学习的机会。学生在参

---

① 毕晓白，杨梅玲．大学课堂教学技能［M］．北京：清华大学出版社，2015.

与多元化学习活动的过程中不仅掌握了一些基础的英语知识，同时也获得了更多用于实践和交流的机会。学生的积极性能被充分调动。

（3）任务型教学模式在课堂之前就将任务交给了学生，学生为了更好地完成任务，就会围绕具体任务主动进行信息的收集、归纳和整理，进而使任务中的问题得以有效解决。在这一教学模式中，学生不能简单地运用一种语言、一项技能，而通常是运用多项技能和语言知识。

（4）在任务型教学模式中，所有参与的学生都扮演着相应的角色，并承担着一定的责任。在具体的小组活动中，运用所学语言同其他学生沟通、交流和分享，并在这一过程中慢慢地学会了怎样与人相处，无形中也培养了学生的团队合作精神和运用交际策略的能力。

总的来说，这一教学模式对培养学生的语言综合运用能力还是非常有帮助的。

（二）任务型教学模式的局限

上面分析了任务型教学模式的一些优势，尽管该教学模式是语言教学中一种行之有效的教学模式，并且被认为与语言习得的规律相符，但是这一模式久经尝试，在具体运用中其局限也在不同层面表现了出来。

从教师层面来看，这一教学模式对英语教师提出的要求相对较高，要求教师应有扎实的专业基本功，同时应对任务型教学模式有充分的理解和掌握，并能够在深谙该教学理论的基础上具备比较强的任务设计能力、比较好的掌控课堂和随机应变的能力、组织多种多样的课堂活动的能力、教学反思能力、善于运用现代教育技术的能力，以及与之相关的对任务进行评价的能力等。

这一教学模式引入我国的时间比较短，并且英语在我国是长期作为一门外语进行学习的，第二语言教学与外语教学是两种完全不同的语言教学模式。对于一些已经习惯于传统英语教学的教师来说，要想有效地开展任务型教学模式还是存在着诸多困难的。此外，就国内来看，与任务型外语教学相关的培训也比较少，这些客观上的不利因素就使一些教师要想对任务型教学模式有更系统的认识变得难上加难。如果一些传统的英语教师对这一教学模式不甚理解，很可能会在教学中流于形式，旧瓶装新酒。

从学生层面来看，很多早已习惯于传统英语教学模式的学生常常会对教师有很强的依赖性，并且更加倾向于被动接受学习的模式。如果这一教学模式在运用的过程中没能很好地了解学生的接受状况，很可能会出现学生不配合的情况，学生如果不愿意主动地加入到小组合作和学习中，那么在任务完成的过程中就很难形成师生间、生生间互动的状态，这样就很容易产生教学和学习效果费时、低效的情况。

从考试和评价制度层面来看，当前的主导思想依然是将学习重心放在题目操练和应付各类考试上，这样就无形中使学生没有形成相应的主动培养自身英语交际和综合运用能力的意识。任务型教学模式的理念却与之相反，该教学模式需要学生在活动中完成每项任务，学生的精力和心思如果不在这一方面，很容易产生积极性差和参与意识不高的局面。

第二节　情感教学模式

语言学习本身是一个复杂的习得过程，涉及各种各样的因素。这些因素所起到的作用无形中会对学生学习外语的热情和动力产生直接的影响。但是，在现实的教育中存在着重"知""轻""情"这一在"知"与"情"方面教学不平衡的状况。为了使这一现象得以扭转，我国国家级教学名师卢家楣教授提出了旨在提高学生素质且行之有效的教学模式，即情感教学模式。本节就围绕与情感教学模式相关的内容进行探讨和分析。

一、情感教学的内涵

国内很多专家、学者结合自身的理解对情感教学进行了界定。下面就对几种比较有代表性的观点进行分析。华中师范大学教授鲁子问认为，情感教学具体指的是教师在教学过程中对认知因素予以充分考虑的同时，借助一定的教学手段，通过激发、调动和满足学生的情感需要来完善教学目标，增强教学效果的教学模式。根据吴金娥的观点，情感教学具体是指教师以教学活动为基础，运用一定的教学手段来调动、激发和满足学生的情感需求，从而努力实现认知因素和情感因素完美统一，以期达到提升教学效果及推动学生全面、和谐发展的目标。

二、情感教学模式的理论基础

（一）人本主义学习观

兴起于20世纪五六十年代的人本主义心理学以马斯洛（A.Maslow）和罗杰斯（C.R.Rogers）为主要代表人物，这一理论的兴起在美国产生了一股心理学的思潮，其中的人本主义教育理论就是该学习观点下的重要内容之一。根据人本主义教育理论的观点，应当充分重视学习者的认知结构和学习者的情感教学，同时还应充分重视学习者个性和创造性的发展。在教学中应围绕学生这一中心，给学生自我选择和发现自我的机会。罗杰斯还指出，在教学中应注重发展学生的个性，并使学生的内在学习动机得以充分调动，同时要求创设和谐、融洽的人际关系。根据罗杰斯的人本主义学习观，有意义的学习与经验学习都是最为重要的。教师作为学习的促进者，应鼓励学生借助多元化的学习方式，如讨论、探究、体验、实践等，来发展他们的听、说、读、写等综合语言技能。同时，还应对学生的情感给予充分的关注，并努力营造民主、宽松、和谐的教学氛围。对每个学生个体都给予充分的尊重。此外，对大学生而言，还应将就业作为导向，将英语教学同情感教育有机结合，创设各种各样的合作学习活动，使学生之间形成互帮互助、相互学习、共享集体荣誉感和成就感的局面，同时应尽可能地建立民主、融洽的师生间有效交流的渠道。

（二）认知主义学习理论

认知主义学习理论也是情感教学模式的理论基础之一。根据认知心理学的观点，假如输入大脑中的信息富于实用性和趣味性，那么当这些信息到达大脑这一中心加工器时，就会产生兴奋的情感，同时会使活跃的思想、行为等快速输出。那么如何确保所输入的信息兼具实用、趣味的特点呢？其中最为关键的一点就是要摒弃单纯地传授语言知识这一理念，应使语言知识的传授和真实的生活有机结合起来，这样一来，更加便于学生产生兴奋点，同时也对激发学生积极参与、培养学生运用英语以及用英语做事的能力非常有帮助。要想更好地培养学生在真实生活中运用英语的能力，就要对所要教授的教学内容进行充分分析，同时对教学条件以及教师和学生的实际情况给予充分考虑，设计出能在课堂上展开，并能在真实生活中运用的任务，将情感教学融入英语教学中，摒弃传统的以传授语言知识为主的教学模式，使课堂语言教学活动更加接近自然的语言习得过程。根据认知理论的观点，英语学习的过程是新旧语言知识持续结合的过程，同时还是语言能力由理论知识转化为自动应用能力的过程。通常这种转化与结合往往需要通过学生自身的活动才能实现。那么，在学习新内容时就应充分调动学生的情感并激发学生的兴趣和思维，以此最大限度地优化学习和教学效果。

三、大学英语情感教学的现状

在英语课堂教学中，积极、健康和愉悦的情感对于学生理解和掌握英语，提高学生综合运用语言的能力具有重要的影响。那么我国在大学英语教学中情感因素到底得到了多大的重视？我们在教学中又该如何实施情感教学呢？虽然教师和学生都知道情感教学在大学英语教学中的重要性，但在英语课堂上还没能具体地实施。[①]

1.教师方面

在我国目前的大学英语教学中，多媒体课堂教学等客观因素导致现在大多采用大班授课，英语课程课时相对较少，任务较重，教师往往过分强调语言学习的认知因素，如语言点的讲授以及课程进度的完成情况，从而忽视了情感因素对语言学习的影响，缺乏创设良好的、互动的课堂教学气氛，更缺少激发学生兴趣和增强学生自信心与情感的体验等。在课堂中师生情感没有交流，教学陷入一种沉闷、无生气的状态。长此以往，学生对课堂英语学习缺乏兴趣，出现心不在焉、低头看其他书甚至逃课等现象，学生也因达不到要求而产生焦虑、害怕、紧张、怀疑、厌恶等情感问题，最终影响大学英语教学质量。

---

① 李红霞.大学英语教学研究［M］.天津：天津科学技术出版社，2017.

2.学生方面

（1）现在很多大学生学习英语都缺乏正确的学习目的和态度。相当一部分学生认为学习英语的唯一目的就是应付考试，通过四、六级，以求顺利毕业。虽然有不少大学生是抱着提高自身素质，为将来的事业打下良好基础的目的来学习英语的，但学生受到传统的"以教师为中心"的教学模式的影响，往往是被动地听老师讲、记笔记，导致课堂气氛不活跃，课堂活动参与度不高。此外，学生课堂参与意识不强还有两方面的原因：一方面，很多学生在面对教师和全体学生说英语时感到紧张和焦虑，总是担心自己说错，很难主动参与课堂活动。另一方面，很多学生的语音语调不标准，词汇量小，语感也较差，缺少自信，不敢开口，担心被老师和其他学生嘲笑，偏远地区的学生更是如此，这也导致了学生上课不敢参与课堂活动。

（2）有的学生虽然具备英语应用技能，但当他们走向社会时，沟通能力、综合素养偏弱的学生往往缺乏发展的后劲儿，难以应对多变的环境。而且我们看到，在信息国际化的今天，学生在认识自我价值、处理人际关系、承受生活的压力或应对一些突发事件时，他们往往会不知所措，无法疏解心结，甚至会采取极端的方式。因此，除了认知能力的培养，我们还要关注对影响学生未来的情感因素的培养。

四、情感教学模式的建构

（一）进行正确的归因训练和归因指导

建构情感教学模式还应进行正确的归因训练和归因指导，借此来提升学生的自信心、效能感等。事实上，归因理论是一种相对比较系统的认知动机理论。维纳（Vina）的相关研究表明，成功或失败的因果归因会引起期望的改变与情感反应，并进而对后继的行为产生很好的促进作用。由此可见，归因是有动机机能的，具体如图4-1所示。

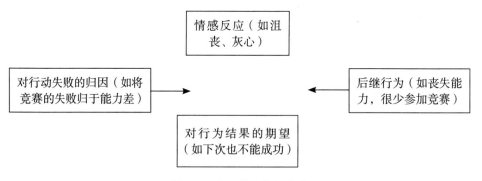

图 4-1　归因的动机机能 [①]

通过对图4-1进行分析不难看出，学生的归因是否正确会在很大程度上对学生的学习情绪产生影响。福斯特·林（Foster Lin）也基于这一观点进行了很长时间的研究，并得出如下结论：只要给普通的英语教师提供一些训练和自学机会，这些教师便能够

[①] 郭德俊.动机心理学：理论与实践［M］.北京：人民教育出版社，2005.

改变自己学生的归因模式与成就动机。教师的言行通常会对学生归因模式的发展变化产生影响。与此同时，这也相应地给教师提出了更高层次的要求，即教师应相应地转变教学观念，在教学中逐步增强情感教育的意识，从理论层面强化对情感教育意义的把握和理解，以此来提升自身的情感修养。[①]

（二）借助学习动机的迁移丰富材料呈现方式

建构情感教学模式还应借助学生学习动机的迁移来不断地丰富和完善材料的呈现方式。当前科学技术的发展使多媒体技术的运用日益普遍化。事实上，多媒体技术的普及和应用极大地丰富了教学呈现的方式。比如，教师在讲课的过程中运用图示、实验演示、录像、幻灯片等多种方法来培养学生对学习材料的兴趣。当然，也可以通过学生参与到具体的学习过程中实现激发学生兴趣的目的。只有学生真正地体会到了学习的乐趣，才能更加有利于其创造性和潜能的有效发挥。

（三）创设轻松、愉悦的学习环境

学习环境也是对学生情感产生重要影响的外部因素。学习环境不仅有利于陶冶学生的情操，同时还能有效激发学生的学习动力和热情，对学生的身心发展起着潜移默化的作用。通常在愉快、轻松的学习环境中，学生的思维更加活跃，记忆力相对更强一些，学生能够处于最佳的学习状态。作为大学英语教师首先应该明白，要想为学生创设轻松愉悦的学习环境，最基本的就是给学生最大限度的自由，让学生能够在毫无拘束的环境中全身心地投入学习。当然，不仅如此，教师还应为学生创设民主的氛围，在此过程中，教师可充当学生的学习向导和学习伙伴的角色。学生处于这种民主、自由的学习环境中，才会有一种安全感，也才能取得最佳的学习效果。

第三节　分级教学模式

所谓分级教学模式指的是以学习者的学习水平和学习潜能为标准，将学习者划分为不同的层次，并在此基础上开展相应的教学活动。因此，分级教学模式体现了因材施教的教学理念，其最终目的是让不同层次的学习者在自己的起点上取得进步。

一、分级教学模式的具体内容

分级教学模式是教学者根据科学的教学理论开发出来的，主要包括 i+1 语言输入假设理论、学习迁移理论、掌握学习理论。下面对这些理论进行论述。

[①]　李红霞. 大学英语教学研究［M］. 天津：天津科学技术出版社，2017.

（一）i+1 语言输入假设理论

分级教学模式以克拉申的 i+1 语言输入假设理论为重要的理论依据。这个理论对分级教学模式的影响主要表现在以下两方面：

（1）从课程理论角度来看，i+1 理论不仅注重知识的获得，更注重学习者获得知识的途径。具体来说，i+1 理论强调学习应采取循序渐进的步骤、方法和过程，这正是分级教学的精髓。

（2）从教学实践来看，分级教学根据学习者在性格、动机、态度、认知风格、语言技能等方面的差异来确立不同教学目标的要求与方法，符合 i+1 理论的要求。[①]

（二）学习迁移理论

学习迁移指的是已学得的学习经验对如今学习的影响，一般包括两种影响。当之前的学习经验对学习起到促进作用时，便是正迁移；反之，起到抑制或干扰作用时，则属于负迁移。奥苏伯尔的认知结构迁移理论认为，学习者头脑内的知识结构就是认知结构。当学习者对新知识进行同化时，其原有认知结构在内容与组织方面的特征就是认知结构变量。奥苏伯尔提出了影响学习与保持的新的三个认知结构变量，通过操纵与改变这三个认知结构变量可以进行新的学习与迁移。以奥苏伯尔的认知迁移理论为基础，把对原有知识掌握水平相当的学习者安排在一起组织教学，即采取分级教学模式，能够促进学习的正迁移，并取得较好的教学效果。

（三）掌握学习理论

美国心理学家布鲁姆（B.S.Bloom）的掌握学习理论认为，学习者成绩不理想不是因为学习者的智慧欠缺，而是由于其欠缺完备的设施与合理的帮助。当具备适当、合理的学习条件时，绝大部分学习者的学习能力、速度与动机等会变得十分相似。因此，采取分级教学模式可为不同潜质的学习者提供多样化、个性化的教学手段，从而尽可能地将学习者的潜能挖掘出来。

二、分级教学模式的原则

分级教学模式在具体实施中需要遵循一定的原则，主要包括循序渐进原则和因材施教原则。

（一）循序渐进原则

"循序渐进"源自宋朝朱熹的《朱子大全·读书之要》。朱熹在总结自己的读书方法时提出，"循序而渐进，熟读而精思""未得乎前，则不敢求其后，未通乎此，

[①] 杜秀莲.大学英语教学改革新问题新策略［M］.济南：山东大学出版社，2011.

则不敢志乎彼"。遵循循序渐进原则，就是指教师在传授知识时既要尊重知识的内在规律，又要采取相应程度的学习者可以接受的教学形式。分级教学模式使教师得以在学习者英语知识体系的基础上进行教学，采取适合学生的教学方法，从而使学习者逐步提高语言技能。

（二）因材施教原则

孔子曾提出"柴也愚，参也鲁，师也辟，由也咳"。[①]朱熹将其概括为"孔子教人，各因其材"，由此产生了因材施教的说法。所谓因材施教，是指教师要从学习者的实际出发，有的放矢地进行教育。

由于环境、教育、学习者本身的实践等方面的不同，学习者之间必然存在一定的差异。近年来，随着扩招政策的推进，越来越多的学习者得以接受高等教育，但不同学习者在英语水平方面的差异却不容忽视。在这种情况下，如果不对这种差异进行充分考虑就把英语水平悬殊的学习者安排在同一班级，很容易出现程度差的学习者"吃不消"、程度好的学习者"吃不饱"的尴尬局面，进而造成教学资源的巨大浪费。分级教学模式承认学习者之间的个体差异，可以为学习者提供满足其自身需要的教学条件，从而取得理想的教学效果。

三、分级教学模式的实施

分级教学模式的实施可以从以下五方面着手：

（一）合理科学地进行分级

分级教学不要求全体学习者达到同一水平，而是按照不同的级别制定不同的教学目标。因此，进行合理、科学的分级是分级教学模式取得实效的前提。为此，应采取科学的分级试题和分级标准。具体来说，应以《大学英语课程教学要求》中的各级词汇量为基础来组织分级试题，同时应注意题目的层次性。分级标准则应对分级测试结果、个人实际水平、个人意愿等因素进行综合考虑。在具体的教学实践中，将学习者分为 A 级与 B 级两个级别较为合理。此外，为缓解 B 级班学习者的心理压力，调动他们积极的学习情感，可利用周末时间为他们补课。这样一来，B 级班学习者可以尽快达到 A 级班学习者的水平，从而在同一起跑线上竞争。

（二）提高分级区分程度

高考英语成绩与摸底考试成绩是很多院校进行分级的标准。但是，往往有一些学习者因为几分之差甚至一分之差而没能进入 A 级班，而这几分之差很难说明英语水平的高低。因此，为了提高分级的区分度与合理性，可在分级时听取学习者本人的意见，

---

① 孔子著；杨伯峻，杨逢彬注译；杨柳岸导读.论语［M］.长沙：岳麓书社，2018.

进行双向选择。学习者往往对自己的实际英语水平与兴趣点有较好把握，他们由被动接受转为主动选择可以增强主体地位，提高他们在后续学习过程中的自觉性与积极性。

（三）实施升降调整机制

实施升降级调整机制，就是对学习者的学习程度进行动态管理，使学习者的级别随学习的兴趣、成绩以及能力的变化而变化。具体来说，B级班的学习者取得进步，达到A级班水平时，教师可将其升入A级班，以激励学习者取得更大的进步。A级班的学习者未能取得进步，且成绩滑落到B级班程度时，教师也可将其降入B级班，以给予其适当的压力。需要注意的是，进行升降级的调整应坚持选拔与自愿相结合的原则，且应在一定范围内定期调整，但不可过于频繁。

（四）制定科学的评价标准

在分级教学模式下，不同级别应采用不同难度的试卷，这就很容易造成一种不良现象，即英语水平高的学习者所取得的英语成绩竟然低于部分水平低的学习者。因此，为提高评价的科学性，可采取以下两种措施：

（1）采取总结性评价与形成性评价相结合的方式来确定最终成绩，具体办法是增加平时表现在总评成绩中的比重。

（2）根据各级别试卷的难度设定一个科学的系数，通过加权算法从宏观上调整两个级别的分数。

（五）尽量避免负面影响

任何事物都是优势与缺陷的集合体，分级教学模式也不例外。作为英语教学改革中的新生事物，分级教学模式不可避免地会带来一些负面影响，如操作过程较为复杂、考勤管理较为烦琐、学习者产生不良情绪、班级归属感降低等。这些问题不及时解决，会给分级教学模式的推进带来阻碍。因此，教育管理者需要制定相应的制度规范并根据遇到的问题及时调整，从而将分级教学模式的不良影响控制在最小范围内，将其优势最大限度地发挥出来。

四、分层教学应注意的问题

尽管在日常的英语教学中，分层教学有利于提高课堂效果，也最大限度地体现了个性化教育，但在实施分层教学时教师也要注意以下四方面的问题。

1.教师的教学观念要正确

一种好的教育教学模式的形成绝不是一朝一夕的，不能急于求成。英语分层教学模式的形成同样需要教师长期踏实地工作，在这个过程中教师肯定要经历探索、尝试、失败，有时甚至是痛苦的心路历程。教师如果能在这种蜕变过程中坚持下来，只有不断地总结、反思、再实践，才能不断地完善、提升，才能形成一种有效、成熟的教学模式。

2.教师要具备较强的教学组织能力

在实施分层教学的课堂上，教师既要最大限度地挖掘优秀学生的潜力，又要最大限度地提高后进生的课堂参与度；且在分层教学的课堂上既有教师的讲授，又有小组间的活动，因此教师的课堂目标设定能力和教学组织能力急需在实践中得到提高。否则有可能一节课只关注到了某一类学生而忽视了其他学生，从而降低了课堂效果。

3.教师要充分考虑学生的差异

分层教学的最终目的是促使全班学生都得到最大限度的发展，追求的是不同层次的学生都能获得成功的体验，所以教师千万不可把目光只放在优秀学生的身上，把后进生当作负担；也不能在课堂上只注意后进生的基础知识训练而忽略了对优秀生能力的挖掘。这就需要教师在备课时充分考虑学生的差异程度，设立正确的课堂教学目标，采用有效的课堂教学方法。[①]

4.教师要加强对学生的心理辅导

无论是优秀生还是后进生，他们都是敏感的。教师的教学方法、教师对他们的态度，他们都可以感觉得到，因此一定要避免在开展分层教学时增加学生的心理负担。毕竟在分层教学的课堂上教学目标是不同的，教学方法也是多样的，教师要特别注意学生的心理变化，尤其要关注的是后进生。如果发现他们有焦虑、自卑、叛逆等情绪，教师要尽快做好学生的心理疏导，或及时调整教学方法，以消除他们的不良心理状态。

教师应该做到让学生几乎察觉不到分层教学的艺术，无论是从课堂教学、作业布置，还是从每一个环节的评价上，我们都应该用爱悄悄地点燃学生心中那个热爱学习和喜欢挑战的火种，但是这一切对于教师来说却是一个前所未有的挑战。

第四节　模块教学模式

模块教学模式是大学英语教学改革的重要组成部分。这是一种系统性的教学模式，以大学英语教学为系统，将其分为知识、技能、拓展三大模块，并在不同的学期中进行有针对性的教学，最终提高学生的综合语言应用能力。

一、模块教学模式的定义

随着英语教学改革的推进，英语教学系统发生了重大的改变。英语教学向着能力

---

① 陆巧玲，周晓玲.网络环境下大学英语教学改革理论与实践[M].上海：上海交通大学出版社，2012.

化、技能化、多样化、信息化的方向发展。英语模块教学模式就是在这种转变中被提出的，因此其在一定程度上反映了时代发展对大学英语教学的要求。所谓模块教学，指的是通过一个能力和素质的教育专题，在教法上强调知能一体，在学法上强调知行一致。模块教学模式主张提高学生的素质和具体技能，教学中通过集中开展理论技能、实践等活动来实现教学目标。

大学英语模块教学能够丰富英语课程，实现课程的多样化。同时对于学生来说，模块化的教学形式通过形式丰富的课程，便于提高学生对英语学习的兴趣，调动其学习的积极性。随着现代科学技术的发展，英语教学课程的固定化越来越难适应社会形势。采用模块教学，在一定程度上使英语教学贴近时代发展，增强人才培养的时代性。

二、模块教学模式的展开

对《大学英语课程教学要求》进行分析可以看出，其对于英语水平的划分提出了不同的能力要求。在这种多层次的要求下，大学英语很难通过一整套教学实现人才的全方位培养。英语模块教学模式主张在一定时期内对学生进行阶段性目标的培养。这种观点正好迎合了教学要求。由于模块教学模式是对整个教学系统的管理，所以其在实施过程中需要教学工作者进行科学设计。学者李晓梅、罗桂保对大学英语模块教学中的模块分类进行了划分，如表4-2所示。

表4-2　大学英语模块教学中的模块分类 [1]

基本分类	更细致的模块分类
知识模块	语音模块
	词汇模块
	语法模块
技能模块	听说模块
	阅读模块
	写作模块
	翻译模块
拓展模块	各门外语类选修课
	第二课堂活动

下面以拓展模块为例，对模块教学模式进行分析。拓展模块主要是对学生的能力进行拓展，因此，可以开展丰富多样的课程。具体可以包含以下五方面：

模块1：开设应用专业型英语后续课程，如时事新闻、商务英语、旅游英语、经济英语、法律英语、商务信函写作、实用英语写作等。

模块2：开设实用技能型英语后续课程，包括日常口语提高、高级口语、听力提高、演讲、视听说、高级写作等。

模块3：开设跨文化知识型英语后续课程，介绍西方各国文化、常识、思维方式、

---

① 陈彧. 话语分析与英语教学研究［M］. 北京：经济科学出版社，2018.

价值观、民俗、礼仪、历史、教育、宗教等；同时对比传授中西文化、跨文化研究等。

模块 4：开设欣赏型课程，内容包括欣赏电影、音乐、神话、小说、诗歌、散文、演说等。

模块 5：开设综合考试型课程，包括继续通用英语的深入学习、考研英语、雅思等各类出国考试培训。

上述模块根据学生和社会的需求，以语言实践为目的，实现提高学生的实际应用英语能力、语言能力和文化修养、专业信息获取能力、语言表达能力，从而适应社会需求。这样的拓展模块设计，细化了学生对大学英语教学的需求，在整体上建立和完善了与传统大学英语教学体系完全不同的大学英语拓展模块体系。

第五节　研究性学习教学模式

教育部高等教育司 2007 年颁布的《大学英语课程教学要求》明确指出："教学模式改革的目的之一是促进学生个性化学习方式的形成和学生自主学习能力的发展。"因此，在大学英语教学中充分利用网络资源，开展研究性学习，恰好与大学英语教学改革的总体要求相吻合。大学英语研究性学习是当前大学英语教学改革的大趋势，是培养创新人才的有效途径。它目前在很多大学得到了推广和实施，并取得了很好的教学效果。本节就重点介绍研究性学习教学模式。

一、研究性学习及其教学模式的定义

20 世纪五六十年代，美国芝加哥大学约瑟夫·施瓦布（Joseph Schwab）教授在《作为探究的科学教学》的演讲中首先提出了研究性学习的概念。施瓦布认为学生的学习过程与科学家的研究过程在本质上具有相似性。因此，学生应该在日常学习过程中努力发现问题、解决问题，以期获得知识，提高自身的语言能力与研究技能。上述观点在 20 世纪 80 年代的国际教育界得到了广泛的关注。

关于研究性学习的含义，很多学者都给出了自己的看法。钟启泉认为，研究性学习是学生在教师的指导下，从学生生活和社会生活中选择和确定研究专题，主动地获取知识、应用知识、解决问题的学习活动。叶平、姜瑛俐认为，研究性学习教学，顾名思义就是学生在教师的指导下，以类似研究的方式进行学习，从而发挥主观能动性，进行知识的获得与吸收。这种教学模式的本质是让学生在"再次发现"和"重新组合"知识的过程中进行学习。研究性学习基于建构主义心理学和发现说，是一种以学生为中心，以自主学习为主要途径，以能力培养为价值取向，重视探索、研究、发现等学习实践过程的一种开放式教学和学习方式。①

总的来说，对于研究性学习的定义，学术界存在以下两种：

（1）从广义上讲，研究性学习是在开放的教学环境中，以培养学生研究式学习方式为目标的定向培养课程。在研究性学习教学中，教师需要使学生了解不同的研究方法，从而提高学生的研究技能与学习能力。

（2）从狭义上讲，研究性学习是相对于传统的接受性学习而言的，其通过使用探究性学习和教学方法来提高学习者的学习能力。

研究性学习以自主性、探索性、开放性以及创造性为特点，通过学生亲身实践获取直接经验，养成科学精神和科学态度，掌握基本科学方法，提高综合运用所学知识解决实际问题的能力。和传统的英语教学模式不同，在研究性学习教学模式中，学生是学习的主体，是知识的主动建构者，教师是教学活动的组织者、引导者和促进者。在这种教学模式下，师生关系能够得到和谐的发展，师生通过主动的积极建构进行知识的教学。总而言之，研究性学习教学模式，是指在创新性教育观念的指导下，以建构主义心理学和发现说为理论基础，坚持以学生为中心，以自主学习为主要路径，以能力培养为价值取向，重视探索、研究、发现等学习实践过程。

二、研究性学习教学模式的意义

研究性学习教学模式是一种新的知识观、教学观，是大学英语教学改革的重要模式之一。研究性学习教学模式主张学生的平等参与，对学生进行能力教育，同时其学习方式向深度学习转变，使学生真正成为学习的参与者。下面对研究性学习教学模式的意义进行总结。

（一）研究性学习教学模式能够进行知识观的建立

传统的英语学习是一种旁观性的学习，学生对知识的吸收主要通过被动的记忆与课堂教学。研究性学习教学开展的前提是对学生的知识观进行改变，从而建立一种新型的主动的知识观。在研究性学习教学中，学生能够真正有效地参与课堂活动，从而将课堂知识内化为"个人知识"。在这种模式下，学生的参与意识得到激发，会在学习中注入自己的热情、经验、品位等。

（二）研究性学习教学模式能够建立一种新的课程观

传统的大学英语教学主要受知识的课程观影响，教学中将关注点放在教学目标与结果的完成上，致使英语课程带有控制性与封闭性。而研究性学习教学模式则以能力课程观为指导，在教师的引导下，学生能够根据自己的兴趣爱好进行不同的课题研究，从中培养自主学习能力、独立创新能力。研究性学习教学模式的能力课程观尊重并鼓

---

① 杨振宇，陈高娃.大学英语教学理论与实践研究［M］.北京：中国纺织出版社，2017.

励学生的个性化，主张在开放的教学环境中进行活动的展开，反对在教学中过多渗透成人的经验与文化，而以学生的经验为核心进行教学的展开与实践。学生角色的转变能够使学生对学习进行批评与反省，从而对知识进行重新理解与吸收。

（三）研究性学习教学模式能够建立一种新的教学观

研究性学习教学主张对学生世界观、学习观和知识观的重新建构，通过在情景中展开教学，提升学生的主动性与社会性。这种教学模式以理解现实世界为目的，是一种应用性很强的教学形式。在研究性学习教学中，教师通过探究的方式进行教学的组织与知识的传授。师生之间是一种平等、互助的关系。教师通过对教学的引导能够开发学生不同的特质，从而形成个性化的教学。

三、研究性学习教学模式的展开

研究性学习教学倡导以开放的教学环境为依托，以学生能力的提高为目标来开展教学活动。因此其教学关键是对学生的实践能力与创造能力进行培养与提高。这种教学模式打破了传统英语教学的束缚，并关注着学生的学习潜力与个性特点，从而使学生成长为拥有独立学习意识与自主钻研能力的学习者。通过对研究性学习教学模式的总体论述，下面对教学展开的三个重要方面进行总结。

（一）创设适合教学的问题情景

研究性学习教学模式主张对学生学习积极性和主动性的开发，因此在教学过程中创设一定的问题情景十分有必要。适合教学的问题情景要能够引起学习者的求知欲望，通过将教学内容与求知心理相结合，让学生主动将自己代入到学习中去。同时在这种教学模式下，学习者能够清楚地了解教学目标，因此其研究的欲望就能得到激发。教师在设计教学问题的过程中，需要考虑到问题的趣味性、挑战性，并结合学生的年龄特点进行开放性和实践性的教学。

（二）注意独立研究与合作交流的结合

研究性学习教学模式主张学生独立思维的培养，因此在教学过程中学生能够根据自己的经验对教学内容中的问题进行研究和发现。这种独立研究能够动用学习者的思维，是其主动建构知识的过程。这个过程和传统英语教学中被动的知识接受不同，它能够使学习者感受到获得知识的喜悦，从而加强学生的自主意识和独立研究能力。在研究性学习教学模式中，还需要让学生在独立研究的基础上进行同学间或班级内的合作交流活动。在这种交流活动中，学习者能够展示自己的思维过程与研究方式，并吸收同学们的优秀之处。在交流与融合的过程中，学生的合作意识与语言运用能力都会得到提升，同时对班级凝聚力的形成也大有裨益。

（三）教师在研究性学习教学中的作用

在研究性学习教学模式中，教师的角色得到了改变，成为教学的指导者与促进者。相比传统的教学，这种开放性的教学环境对教师的要求有所提高。研究性学习教学模式是一种新兴的英语教学形式，因此学习者很难在最开始完全适应，同时也不能领会到这种教学模式的目的与意义。在这个过程中，教师对学生的引导十分重要。教师需要保证一定的教学效果，同时还不能过分干预学生主体性的发挥，因此这对于教师能力是重大的考验。

为了提高研究性学习教学模式的效果，教师可以利用一些新兴的英语教学手段开展教学工作。例如，通过多媒体、网络进行教学内容的展示，引起学生对其研究的兴趣。在学生研究的过程中，教师可以从中引导，并教授学生常见的研究方法。在学习结束后，教师还需要对此次的教学目的、研究内容、研究意义进行总结，进而使学生的学习主人翁意识得到增强。

四、研究性学习教学模式在英语教学中的应用

大学英语教学是学生提升语言能力的关键，在这个过程中使用研究性学习教学模式能够提高学生语言运用的能力，为其以后走入社会进行语言交际打下良好的基础。研究性学习教学模式是一种开放型的教学，在英语及不同学科中都能得到广泛应用。

（一）大学英语视听说课中研究性学习教学模式的应用

在传统的英语视听说课中，学生主动学习的热情不高，致使教学效果不理想。众多学者主张将研究性学习教学模式应用到英语视听说教学过程中，初步构建以"策略引导—多元互动—立体化"为特色的大学英语"研究性学习"视听说教学模式。

通过分析，可以看出其教学的展开主要以学生为中心，教师在教学中起到引导作用。同时教学突破课堂教学的限制，延伸到了课外，大大扩展了学生的学习范围。

（二）大学英语语法课中研究性学习教学模式的应用

语法是一种规则性知识，因此对语法的教学相对枯燥，需要学生进行记忆。因此在教学过程中提高学生的学习兴趣与学习主动性，成为提高语法教学质量的重要途径。在大学英语语法课中，教师可以采用原因探究的形式进行教学。这种教学方式是半控制教学，可以通过以下四个步骤展开：

（1）教师创设需要解释的语法情景。

（2）对教学活动任务进行解释说明，要求学生在后续练习中使用要学习的语法项目。

（3）教师提示不同的语法使用情况。

（4）学生根据自己的想象与语言基础进行解释。

这种研究性学习教学不仅能够调动学生的积极性与想象力，而且对其语言使用能力的提高也大有裨益。

（三）大学英语词汇课中研究性学习教学模式的应用

英语词汇具有一词多义的特点，在教学中无法讲述每个词汇的每个含义，因此进行研究性词汇教学能够使学生自主探索词汇的含义与用法。这种方式在增加教学趣味性的同时，对学生词汇量的提高也有重要的作用。

研究性学习教学模式对大学英语教学有着重要的指导作用，教师可以根据具体的教学实际与学生的特点开展有针对性的教学工作。

第六节　ESP框架下大学英语教学模式

在全球化背景下，英语作为国际主要通用语言，需要满足各类人员的需求。在此条件下，ESP（专门用途英语）应运而生，它是一种基于特定行业、特定内容的英语类型。ESP 具有更强的专业性，实用价值比较高，这与我国高校人才培养的目标一致，因此在 ESP 框架结构下对高校大学英语教学提出了更高的要求。高校传统的大学英语教学模式很难满足高素质人才培养的需求，教学模式的改革成为必然的趋势，并且改革需要以新的思路为指导，以新的模式为创新，将 ESP 全面融入到英语教学中来，突出专业性英语人才的培养目标。

一、ESP 的内涵

ESP 是"English for Specific Purposes"的缩写，即"专门用途英语"或"特殊用途英语"，如旅游英语、外贸英语、财经英语、商务英语、工程英语等。ESP 教学理论是由英美等国家的应用语言学者在 20 世纪 60 年代提出的。在当时，世界各国已逐步从二战的创伤中恢复过来，全球经济迅猛发展，科学技术日新月异，国际贸易、金融保险、邮电通信、国际旅游、科技交流等全球范围内的交往日益频繁，英语作为国际语言的地位也日益得到加强，成了一种世界性的语言。但由于学习者具有不同的学习目的，这就要求采用不同的教学内容和不同的教学方法，改革传统的概念，确立新的概念，即把英语当作交际工具来教，培养学生在不同的实际环境中运用英语的能力。而随着语言学领域的革命及教育心理学的发展，人们开始强调学习者个人的需要和兴趣，认为学习态度和学习动机对于学习效果有着重要的影响，因此教学的重心应由传统的"教师中心"转向"学生中心"，并最终转向"学习中心"，这些领域的研究成果都为 ESP 的形成奠定了理论基础。为了满足各类人员学习英语的需要，ESP 便应运而生，而学英语热的持续升温又促进了 ESP 的迅速发展。

二、专门用途英语的特点

通过对专门用途英语概念的阐述及分类，笔者可以总结出专门用途英语的四个特点：

首先，专门用途英语是一种教学途径，既不是特殊的语言种类，也不是一种产品。它与教学方法、教学技术有本质上的区别，专门用途英语通常是指语言本质和如何进行语言学习的研究。同时，根据特定学习者群体的需求来制定教学教材、教学内容、教学方法和教学技术等。专门用途英语的语言无论是在形式上还是在种类上，教学方法并没有与其他形式截然不同，各个领域之间的语言差异不能否定语言的根本共性。

其次，专门用途英语教学是英语语言教学的一个分支学科，并不是有别于常规语言教学的特殊存在，相反，专门用途英语教学恰恰是英语语言教学的一个分支。专门用途英语通常与特定学科领域或者职业有密切的关系，是根据学习者的学科需求或者职业需求所设置的英语课程，实用性和针对性较强。

再次，专门用途英语教学在原则和教学方式上与一般用途英语教学基本统一，并没有独特的教学方法。专门用途英语与普通英语教学的不同之处就是根据学习者学习需求的不同，进行教学方法和教学内容的转换。由此可见，对学习者的需求分析是专门用途英语教学活动开展的重要部分。

专门用途英语是一个特定的语言范围。部分学者曾统计得出专门用途英语与常规英语的词汇超过半数是重叠的，而且很多科技词汇是由常规词汇通过构词法派生出来的，专门用途英语与常规英语的语法结构基本保持一致。因此，专门用途英语与常规英语是紧密相连的，专门用途英语不能作为独立于英语语言之外的专门语言，它只是一个特定的语言范围。

最后，专门用途英语是一种多元化的教学理念。由于学习者需求的不同，专门用途英语的教学内容、教学方法也呈现出多样性。因为专门用途英语与特定的学科领域、职业领域具有很大的相关性，因此要求专门用途英语的语言知识要涉及大量的专业知识，学习者的需求也表现出不同的特点。在不同国家和不同地区，专门用途英语教学的政策支持、教学重点存在很大差别，这也促使专门用途英语的教学内容、教学方法呈现出多元化的发展趋势。

三、ESP 在我国高校英语教育中的定位研究

在我国高校英语教学改革的大背景下，外语界大批的研究者对我国高校英语教学的方向提出了自己的观点。秦秀白于 2003 年的研究认为高校英语教学应该定位在"专用英语"（ESP）上，并提出了较具体的想法：大学阶段的前两年，学生应该学习"学术英语"（EAP），其听、说、读、写诸多方面的技能训练都应围绕开展学术活动进行。

到了高年级阶段，学生应该结合自己的专业学习更高层次的"学术英语"，相当于国外提倡的"专用学术英语"。蔡基刚提出我国大学英语教学的发展方向应该是 ESP，而不是外语通识教育。他明确提出外语人文类课程不能也不应成为基础英语后唯一的选修课程，更不能成为大学英语的发展方向，未来大学英语教学的定位应该是 ESP 教学或学术英语。

张莉与方悦娴于 2012 年在对国内 ESP 教学发展状况进行研究的基础上，提出 ESP 将是大学英语课程改革的出路，并对 ESP 课程在各类型大学的定位提出了自己的想法：就学校而言，普通院校以 EGP 为主，ESP 作为辅助或选修；重点大学应逐渐转向不设公共英语课，学生入学后直接接受双语教学。[①] 关于 ESP 在我国英语专业教学中的定位，多位研究者如南佐民、陈葵阳等，都表达了类似的观点，即 ESP 是培养复合型英语专业人才的一种有益尝试。[②] 孙有中和李莉文则认为无论是英语专业还是大学英语，教学中心都应该及时向专门用途英语做出调整。[③] 关于 ESP 在我国英语教学中的定位，这些研究者基本都认同 ESP 是我国大学英语教学的发展方向。但大部分研究者对 ESP 在我国大学英语中的应用深度，还持保守态度，大都认同大学英语要分阶段教学，先是通用英语，再进行专门用途英语的教学。我国普通高校的大学英语教学不应该再有阶段之划分，因为现在大部分学校的公共英语课程只有三个学期。在有限的课时内，还要将一门课程进行分割，无法让教学"软资源"和"硬资源"得到集中有效的利用，必然使课程效果大打折扣。正如学者蔡基刚对于大学英语教学的观点："大多数大学都可以用学术英语替代目前的综合英语。我们不是要取消大学英语，我们要的是另一种大学英语。"[④] 这里的另一种大学英语在本研究中，笔者称之为大学ESP 课程。

四、国内大学 ESP 课程历史沿革

我国 ESP 课程的历史可以追溯到中华人民共和国成立之初，当时新中国成立迫切需要新兴科技的支持，需要一大批能够看懂国外科技文献的专业人才。大学英语教学基本分两个阶段：基础英语教学阶段和专业英语教学阶段。专业英语教学主要由学科老师来承担，某种意义上专业英语课程就是相关专业材料阅读课。大学英语教学的主要任务是通用英语，因为专业英语在大部分高校不属于大学英语教学组的课程任务，而归为各专业学科组。近年来，随着我国外语教学领域与国际接轨的深入，国外语言学的各种流派和各种语言教育的理论、方法不断进入我国英语教学研究者的视野。在

---

① 张莉,方悦娴.高校非英语专业学生英语听力水平研究[J].沈阳师范大学学报(社会科学版)，2011（5）：137-140.

② 陈葵阳.大学英语高年级阶段的 ESP 教学[J].安徽工业大学学报(社会科学版)，2003(4)：90-91.

③ 孙有中,李莉文.CBI 和 ESP 与中国高校英语专业和大学英语教学改革的方向[J].外语研究，2011（5）：1-4.

④ 蔡基刚著.中国大学英语教学路在何方［M］.上海：上海交通大学出版社，2012.

应用语言学理论的影响下，ESP 这一语言教学方法，在我国大学英语教学改革的过程中越来越受到关注。我国各大高校，也开始开设越来越多不同类别的 ESP 课程。^①

结合我国部分高校开设英语课程的现状，可以看出虽然许多大学的大学英语教学系部针对非英语专业本科生开设了一些专门用途英语课程，但大都是学术英语。许多大学各专业也开设了自己的专门用途英语类课程，主要是专业英语课和双语课程。专业英语课程的开设主要集中在自然科学类、经济管理类和法律类等学科，专业性较强的学科也有开设专业英语课程，这些专业英语课程的教师大部分由学科专业教师承担，但名称各异。总体上，各大高校开设的专业英语课程均以专业选修课的形式出现，以考查的方式进行测评。而高校开设的专业英语课程中并非每个专业都有，有时甚至在同一个系中某一个专业有专业英语课程，而另一个专业就没有专业英语课程。

除专业英语外，各大高校几乎都在推动全英和双语课程建设，鼓励各专业开设全英和双语课程。就目前情况来看，双语课程比专业英语课程更受重视。教育部自 2001 年起大力推行高校双语课程和从 2009 年起推行高校国际化课程，这两种课程都是由学科教师用英语开设的专业课程，不同之处在于后者是全英语性质的。双语课程和全英语课程都是以专业知识为载体的英文授课课程，也属于专门用途英语的范畴。这些课程均由专业学科教师授课，大多以必修课的形式出现。

五、大学英语教学运用专门用途英语理论的可行性

英语教学的最终目标是使学生实现从学习语言到使用语言的转换，培养学生在特定职业范围内运用这门语言的能力。英语课程不仅应打好语言基础，更要注重培养实际使用语言的技能，特别是使用英语处理日常和涉外业务活动的能力。因此，大学英语的教学必须考虑学生的英语学习需求和用人单位的人才需要，满足不同专业对它的不同要求，为学生提供真正实用的服务。ESP 教学使语言学习服务于专业学习，帮助学生在实际工作中以最快的速度直接了解各专业领域的最新发展动态，使学习与实践相互促进。引入 ESP 教学，与相关专业英语教学有机结合起来，这样以后才能培养出既精通专业，又有较强的外语能力的复合型人才。ESP 教学是社会语言学给语言教育制定的高标准，也是社会实践的基本要求，运用专门用途英语理论指导大学英语教学是可行的。

（一）专门用途英语的教学原则符合大学英语教学要求

专门用途英语主要有以学生为中心、真实性、需求分析三大基本教学原则。专门用途英语的这三大教学原则也符合大学英语教学的要求。

---

① 陆巧玲，周晓玲.网络环境下大学英语教学改革理论与实践［M］.上海：上海交通大学出版社，2012.

1. "以学生为中心"的原则

ESP 具有鲜明的目标性，其学习者多为成年人，且学习时间有限，教学大纲和教材都是建立在学生将来的工作需求基础上的，这些都决定了它的教学过程必须"以学生为中心"。ESP 教学以培养学生的交际能力为目标。教学目标的确定、内容的选择和教学方法的采用，首先要考虑学生学英语的目的和原因，要由他们用英语进行交际的需要和学习的需要来决定。哈钦森（Hutchinson）、沃特斯（Waters）认为虽然强调语言运用可以帮助我们陈述教学目的，但在 ESP 教学中我们关注的并不是语言的运用，而是语言的学习。真正有效和可行的 ESP 教学途径必须要建立在充分了解语言学习过程的基础上。这里的"语言学习"指的是能使学生理解和说出规范语言的学习策略和教学方法。强调"语言学习"，实际上就是强调开展以学生为中心的各种教学活动。这一点与大学英语教学要求相符合。大学英语教学要改变传统的以教师为中心的方式，在教学大纲和课堂教学等方面都强调以学生为中心，设计多种形式的课堂教学活动，根据不同的课程需求、不同学生的语言水平采用灵活多样的课堂学习任务，让学生"learning by doing"，提高学生的自主学习能力和参与能力，充分调动学生的学习积极性，发挥学生的主观能动性，注重培养学生的语言实践能力及跨文化交际能力。做到让学生学一点、会一点、用一点，提高大学英语教学的效率。

2. "真实性"原则

真实的学习任务是体现 ESP 教学真实性原则的重要组成部分，真实性是 ESP 教学的灵魂。教材内容主要来自与专业相关的真实语料，练习设计和课内外教学活动都应体现专用英语的社会文化情景。"真实的语篇"加上"真实的学习任务"才能体现 ESP 教学的特色。真实的材料包括科技杂志的文章、实验报告和产品使用说明等不同体裁的语料。真实性体现在阅读技能的训练、听说写等语言技能的训练，以及学习策略和交际策略的培养上。大学英语教学也要求尽量使用和专业相关的真实材料，使学生的学习更有针对性和目的性，以便学生毕业后能尽快适应岗位工作，使大学教学更加具有实用性。高校学生对目标岗位的真实任务和真实的材料都格外有兴趣，关注度也极高。

3. "需求分析"原则

需求分析是制定 ESP 教学大纲、编写 ESP 教材的基础。在 ESP 教学领域，需求分析包含两方面的内容：一是分析学习者的目标需求，即分析学习者将来必然遇到的交际情景，包括社会文化环境、工作环境以及特定环境，它们都可能给学习者在未来工作中带来特定的心理状态等。二是分析学习者的学习需求，包括学习者缺乏哪些方面的技能和知识、哪些技能和知识应该先学、哪些应该后学、哪些是学习者喜欢的学习方法等。斯韦尔斯（John Swales）认为，学习需求分析还应包括对教学环境的考察，因为校园或课堂文化氛围、教师队伍状况、教学后勤工作等方面的因素也会直接影响教学需要。高校学生英语水平差距较大，应用能力更是参差不齐，所以大学英语教学强调以"实用为主，够用为度"，从学生的实际需要出发进行教学。根据不同学生的基础，设计、调整好教学层次，突出职业岗位的重点能力，有所侧重，并使学生的听、说、读、写、译各项语言技能协调发展。大学英语教学课时安排非常有限，应结合学生的专业需求，教给学生最迫切需要的、必不可少的语言知识和技能，以最大限度地提高学生在校的学习效率。ESP 以需求分析作为教学的出发点和中心，分析和满足不同学习者的不同需要。通过"用中学，学中用，学用结合"，为高校学生高效地获取职业或专业所要求的语言交流形式提供一种可行的方法，以适合高校学生的客观实际。

从以上内容可以看出，ESP 教学体现了语言教学和学习是为行业发展、岗位技能提高服务的，这些都大大提高了学生的学习热情。ESP 的教学原则与大学英语教学所提倡的尊重学生的学习个性和特点，一切以学生的真实需求为本的理念不谋而合，运用专门用途英语理论指导大学英语教学是可行的。[①]

（二）专门用途英语的教学理念与未来大学英语培养目标一致

ESP 强调从专业的需求出发，探求一种英语与专业相结合的方式。它以实用为导向，与职业紧密结合，注重学生语用能力的培养。这与现阶段我国大学英语教学强调的培养与职业能力相匹配的英语使用能力这一目标一致。ESP 注重培养学生的交际能力，提高学生使用英语在目标岗位范围内活动的能力，培养能够在特定专业领域或行业领域范围内运用专业语言交际的专门人才。现阶段我国大学英语的培养目标也是要培养学生在特定职业范围内运用这门语言的能力。ESP 目标的设置把"目标情景"分析或需求分析作为教学的出发点和中心，提炼出与职业或学术领域相适应的英语应用能力，然后整合词汇、语法、教法等教学因素，形成一个针对性特别强、以实用能力训练为中心的教学路径。现阶段大学英语教学是以岗位所需英语为基本目标，培养学生在其将来的工作岗位上能够借助英语完成工作任务的能力。由此可见，ESP 为我们提供了实现大学英语教学目标可借鉴的观念和工具。

（三）高校学生具备接受专门用途英语教育的基础

ESP 学习者均为成年人，包括从事各种专业的高级人才、在岗或者正在接受培训的各类人员、在校大学生、中专生或职业中学的在校学生等。他们把英语作为一种手段或工具来学习，以便进一步进行专业学习，或者是把英语作为手段或工具来学习，以便有效地完成各项工作。高校学生通过高中阶段的学习已具备了一定的英语语言基础，并掌握了一定的语言共核部分，即不论学习对象将来从事何种工作，都必须掌握的语言知识。学生的词汇量、语法知识、文化背景知识和交际技能已经能够帮助其完成一般的交际任务，学生已经具备一定的接受 ESP 训练的能力。在此基础上开展 ESP 教学，传授略高于其现有的知识，使他们在某一专业或职业上实现英语知识和技能专门化，让学生转入学习营销英语、金融英语、机电英语、物流英语等这些他们毕业后

---

① 王晓玲，曹佳学.跨文化大学英语教学：理论与实践［M］.成都：西南交通大学出版社，2015.

最可能从事的专业英语领域，有利于激发学生的学习兴趣。ESP 教学是通用英语教学的扩展和延续，是从基础英语能力的培养向英语应用技能培养的过渡。高校学生通过对专业英语的学习，掌握了一定的专业词汇和会话，能阅读专业相关产品使用说明、操作指南，熟悉行业英语实用写作规范等，这些实际上是对其专业能力的加强和补充，是对学生终身学习和可持续发展进行的铺垫。

（四）高校教师具备专门用途英语教师的潜质

从当前的通用英语教学过渡到标准的 ESP 教学还需要一个过程。专门用途英语教学需要培养的 ESP 教师队伍既要有较高的英语水平，又要有一定的专业知识，是英语教师和专业教师的完美结合。高校教师具备专门用途英语教师的潜质，可以通过对已有的教师资源进行培训，培养符合 ESP 教学要求的具有综合语言能力的教师。对具备良好的英语基础的英语教师进行专业培训，鼓励年轻的外语教师攻读其他专业的硕士学位，或对英语水平达到一定标准的其他专业的教师进行英语培训，不断壮大"双师型"教师队伍，使他们成为支撑 ESP 教学的第一代教师。同时，高校英语教师应和专业教师加强业务合作，进行跨学科合作教学，弥补彼此的不足，不断提高教学队伍的素质，逐步建立起一支专业知识和英语知识都过硬的 ESP 教师队伍。目前，高校与企业学研结合不断加强，高校英语教师的操作技能和动手能力在这个过程中不断提高，对学科专业知识、发展趋势和企业岗位实践的深入了解，再加上扎实的语言基础知识，都为 ESP 教学打下了基础。

高校英语教学应考虑学生的学习需求，将学习基础语言与学习专业语言结合起来，教学重心需要从 EGP 教学向 ESP 教学方向转移。运用 ESP 理论指导高校英语教学是一次大的革新，也是高校英语教学改革的现实需要。

六、专门用途英语理论对高校英语教学的启示

专门用途英语（ESP）是一个完整的教学体系，它将语言知识与专业知识融合起来。同时它还是一种英语教学的途径，把英语的运用与专业有机地结合起来，充分体现英语的工具目的，符合高校教育的培养目标与客观实际。把 ESP 引入高校英语教学中，使高校英语教育事业建立在科学的理论基础之上，对目前的英语教学是一次重大改革。专门用途英语理论对高校英语教学有以下启示。

（一）转变高校英语教学观念

高校英语教学要转变教学观念，要明确"英语是解决问题的工具"这一理念，使教学更加实效化和多样化。其可以借鉴和引进国内外行之有效的 ESP 教学理论和方法，将 ESP 与我国高校英语教学相融合。围绕培养目标，按照循序渐进的教学规律和高校英语"实用为主，够用为度，应用为目的"的教学原则，将整个教学活动从以往的单一"公共基础课"，逐步划分为基础英语、实用英语和专业英语三个阶段进行。在教学中要

将学习者看成是目标情景中的语言用户，而不是课堂上单纯的语言学习者。高校英语教学内容与教学活动要与学生未来的目标岗位群相关，为职业服务，让学生体会到英语学习不再是语言知识的积累，而是为今后从事专业领域工作服务，解决问题的工具，从而激发学生的学习兴趣和学习动力。

（二）高校师资建设要引起政府和高校的重视

高校教师队伍应具备跨学科的知识，对高校教学目标有全面、深刻的认识，从而为高校英语教学改革的顺利进行提供有力保障。合格 ESP 教师的培养和培训至关重要，然而我国 ESP 教师教育专业目前存在很大空白，缺乏教师重新进行培训的成熟体系。要想使 ESP 教学获得可持续性发展，政府和主管部门应该把 ESP 当作一个新的行业重点投入，根据市场的需求对师资培训结构进行整合，尽快建立相关体系或模式来培养 ESP 教师。学生的培养和能力建设需要外语和专业学科的共同参与，因此，各高校和研究机构也必须注重加强外语和各学科间的学习与合作。只有先使教师成为复合型的创新人才，才能培养出创新型的学生。

（三）形成独立的高校英语教学评估标准

目前，我国高校英语教学没有自己独立的评价标准及评价模式，社会对学生英语水平的评估主要以国家针对普通高校学生通用英语水平测试的四、六级考试为标准，这会导致学生对以专门用途英语学习为目的的 ESP 课程不感兴趣。ESP 教学最终的目的是使学生在英语语言方面的能力得到社会的认可，因此要确保 ESP 在高校英语教学中的应用，科学的 ESP 教学评估体系的确立要和 ESP 教学同时进行。加强对 ESP 的宣传，特别是加深社会、政府、企业对 ESP 的了解，增加认同感，以逐步扩大 ESP 在社会上的影响力，在高校英语教学体系中建立 ESP 主导的职业类别的英语水平考试，以取代目前纯属形式主义的职称外语考试，形成社会对高校英语教学独立的评价标准。ESP 教学是市场需求与高校英语教学的结合点和切入点，高校英语教学要以学生为中心，提高学生的英语应用能力，使学生从为文凭而学习转变成为提高就业能力而学习。努力把英语学习、信息技术和专业知识三位一体地结合起来，并进行互动式的职业训练，有效地培养高校学生的英语应用能力，从而进一步增强学生的就业竞争力。基于专门用途英语理论的高校英语教学改革是一个浩大的工程，需要各方面的大力扶持、合理规划和制度上的保证，以及政府部门、高校院校和高校英语教师的共同努力。[①]

七、基于专门用途英语理论的大学英语教学模式改革实践

当前的社会经济发展在不断推动着高校办学模式的发展，高校英语教学也必须紧跟时代发展的步伐，不断发现和解决英语教学中存在的种种问题，并在实际英语教学

---

① 姜涛.大学英语写作教学理论与实践［M］.长春：吉林出版集团股份有限公司，2009.

活动中逐步加以解决，以求达到高校英语教学的最优化。高校英语教学要为企业和岗位服务，培养学生在今后职业岗位的涉外场合使用英语进行基本的语言交际或实际操作，能够通过外语技能更好地发挥专业技能，真正体现学有所用、学以致用的宗旨。专门用途英语教学方法实际上就是一个专业与英语结合的方法体系，可以用它来指导我国新的高校英语教学体系的构建，改进高校英语教学。根据学生的专业方向、职业类别以及岗位中英语的使用情况，在英语听、说、读、写、译诸项能力中，有针对性地进行侧重培养。从实用出发，摒弃复杂的语言理论知识，结合专业培养学生的外语交际能力。根据培养目标和业务范围，使知识、能力和素质协调发展，实现共同提高。笔者谈及的基于专门用途英语理论的高校英语教学改革，主要是针对前文提到的高校英语教学存在的问题，就如何解决或改善进行论述，内容主要分为高校英语教学目标、英语教材、课堂教学、实训、考核方式、师资提高等几大方面。在高校英语教学中，主要进行以下改革。

（一）以"需求分析"为基础制定高校英语教学目标

根据 ESP 的以学习为中心的需求分析理论，高校英语课程的开设和教学实施，首先必须对目标需求和学习需求进行分析，制定高校英语教学目标、内容重点，为学生在目标情景中进行职业交流做准备。目标情景需求的分析本质上就是针对目标情景问题，挖掘出学习过程中不同学习者对目标情景的态度，主要从以下三方面入手：

第一，目标情景中必需的知识与技能。它是学生将来用英语进行活动的目标情景的客观需求，也就是说学生要想成功地在目标情景中运用语言，所必须获得的知识和技能。以商务英语专业为例，要能有效地在商务领域工作，要求学生掌握英语语言基础知识和运用英语进行商务洽谈、书写商务函电与合同等相关的词汇，以及在这种情景中常用的语体、语篇结构等，具有电子制单、互联网上交易的能力，还能进行国际商务谈判，从事涉外商务管理与服务、对外贸易、市场营销等。

第二，学习者在目标情景中用语言工作存在的差距。它指学习者当前的语言知识和技能与目标情景中所需的语言知识与技能相比，学习者还缺乏哪些知识与技能，这些缺乏的知识就是学生要学习的主要内容。根据学生的原有水平和课程，针对学生的需求来设计课程，有利于把握学习材料的难易程度，开发出适合学生的教材。

第三，学习者自身的需要。学习者对自身需求的看法也是不容忽视的，学习者的学习目的、学习经历、对英语的态度和文化信息等主观因素是课程设计中一个重要的部分。学习者自身的学习需要有时会与目标情景的需要有冲突，也有可能目标情景的需要并不足以满足学生的需要。在设计课程中始终要以学生为中心，重视学习者自身的需要，提高学习者的动机。高校英语的教学必须考虑学生的需要，摸清学生的语言基础和知识水平，熟悉学生的兴趣爱好和愿望。同时还要了解市场需要，以及学习者将来在目标岗位必然遇到的交际情景、岗位环境和应具备的知识与技能。高校英语的教学目标可以定位为以实用为主、够用为度的原则。重视学生基础薄弱的现状，教学中贯穿必要的语言基础知识，将培养目标具体化。以岗位所需英语为基本目标，培养学生在涉外相关工作中的英语听、说、读、写、译等综合技能，借助英语完成目标岗位工作的能力。

（二）针对学生专业选择和编写高校英语教材

教材与教育思想、教学原则、教学方法、学习理论和实践有着直接的关联，是各种教学理论、方法和手段的体现。它也是教与学的重要资源和依托，决定了教与学的基本方法，是教学的关键。随着现代科技的飞速发展，学生对学习材料的需求呈现多样性，职业教育教材的形式也变得丰富多彩起来。为了满足学生的多元需求，进一步激发学生的学习热情，职业教育的教材应当根据岗位对学生英语能力水平提出的要求，强化听力和口语教学训练，增强其作为交流工具的实用性。同时，应协调好基础英语教材和专业英语教材之间在内容上的对应关系，强调英语"听、说、读、写、译"五大技能和专业英语能力的培养，增强英语的实用性，还可以根据实际情况自主开发教材。

英语与专业相结合是指把英语语言知识，如词汇、语法、听说训练和学生所学的专业结合起来，运用英语这一语言工具来为专业服务。高校英语教材应该以实用为原则，把真正反映岗位需求的英语知识传授给学生，为学生进入工作岗位做准备。

第一，按学生专业选择英语教材。教材作为学习输入的主要信息源，对 ESP 教学的成功起着决定性的作用。以"需求分析"为基础来选择教材可以减少 ESP 教材选用中存在的随意性和盲目性。对符合需求的教材，我们还应进一步分析其"真实性"的含量，确定其是否在目标方面迎合真实的交际需求，在选材方面具有真实的交际内容，在练习方面提供真实的交际环境和交际任务。并根据需求分析理论和真实性的原则，高校英语必须服从各个专业不同的教学培养目标和教学要求，围绕高校生在未来实际工作中面临的英语涉外业务和活动进行教学，教材应当结合学生专业进行选择，考虑不同专业的特色和岗位的特点，侧重从各自的职业岗位中选取教学内容。例如，旅游专业毕业生将会经常用到的日常交际用语、景区介绍等，模具、电气专业常见的有产品说明书、技术指导、维修指南等方面的英语，这样使学生就业时拥有该岗位所需的英语能力。杜威提倡："把学习的对象和课题与推动一个有目的的活动联系起来，乃是教育上真正的兴趣理论的最重要定论。"① 根据专业来选择高校英语教材，能避免教学资源的浪费，提高教学效率，保障坚持"实用为主"的教学原则的实施。同时，按专业选择教材充分体现了高校公共英语教学对个性的重视和关怀，让学生能感受到英语学习与岗位就业的相关性，激发学生学习英语的兴趣。

第二，依据职业岗位能力的要求，设立课程模块选择教材。高校生英语应用能力是专业导向要求的重点。高校英语教师要认识到高校人才培养的职业性，根据社会对所教专业学生英语运用能力的实际需求，有选择地使用英语教材，强化学生的英语职业技能。如文秘专业的学生在将来的职业岗位中，主要是与客户在电话、网络、商务会谈

---

① 约翰·杜威.教育中的兴趣及努力［M］.北京：中国传媒大学出版社，2018.

中用口语进行直接交流，因此要侧重英语听、说能力的训练。而模具专业的学生，更多的是接触有关产品说明书、技术指导、维修指南等书面文字，因此要求着重培养学生业务资料阅读和翻译能力。

课程内容的更新整合与新课程的开发，需要紧密结合社会经济技术的发展，必须对应不同教育对象的教学目标进行。课程结构就是课程的组织与流程，反映教学的框架与进程。例如，旅游英语教学工作，根据培养目标与基本要求设置课程，力求从旅游英语方面来提高学生的英语水平，并根据旅游专业实践性强的特点，将旅游英语课程设计为两个模块：基础英语模块和旅游英语模块。基础英语模块以必需和够用为度，突出内容的针对性和应用性，注重探索以能力为基础构成的知识体系。国内外旅游英语教材都存在一定的局限性，在教材选择上采取以一本权威教材为主、几本有特色的教材为辅，同时充分利用专业网站资源的方法。CCTV9播出的 *Travelogue*（旅行纪录片）*Around China*（中国周边）*Chinese Civilization*（中华文明），在网络上有很多视听材料，如普特英语学习网等都是很好的教学资料。同时，在授课过程中插入对中国传统文化的介绍。旅游本身就是最重要的跨文化交流活动，应该充分重视通过多种教学手段，锻炼学生用英语向国外游客介绍中国古老的历史文化和美丽的自然风光。拓宽学生的知识面，培养学生的应用能力、实践能力和创新能力，突出人才培养的实用性、即时性和时代性，适应日益与国际接轨的中国经济发展的要求。

第三，师生、企业共同参与编写教材。为了突出高校教育人才培养的针对性和实用性的特点，高校英语教师可以根据专业课程的特点，用社会调查和职业岗位分析的形式，获取专业岗位所需要的英语知识结构和应用能力要求，有针对性地编写具有本校特色的英语教材和配套辅助教材，自编本校教材应力求适合学生的英语水平和真实需求。在征询专业课老师、资深行业从业人员和已毕业学生意见的基础上，综合考虑职场需要，确定有关专业英语的内容、深度、范围等，剔除高深的理论教学，包含专业目标岗位群中常用的英语知识，增加贴近生活实际的或最新实用的辅助教材，把教学内容延伸到课外。

首先，教师根据专业课程的特点编写教材。教师要阅读一些普及性的专业书籍，并借阅学生的专业教材与笔记，对学生的专业学习有框架性的了解。向专业教师和相关行业从业人员咨询，了解从事相关行业必须掌握的知识。同时，征求他们对学生 ESP 学习的目标、内容等方面的意见。与已毕业的往届学生沟通，了解工作中最实用的英语知识。关注职场信息，用相关人才招聘在外语素质上的要求来指导 ESP 教学内容与方向。专业要紧密结合市场最新走向，需要教师深入实践一线，收集教学素材，编写切合市场实际的实用性讲义。现在高等院校普遍开始实行"教师下企业"制度，无形中促进了企业和学校交流的进一步融合，也促进了教材的完善和发展。

其次，企业专业人才参与编写教材。在教材编制的过程中最好能与专业领域的人士合作，可以聘请企业专业人才参与英语教材编写，选择与专业相关的各种题材的语篇，包括目标岗位常用的一些说明书、技术合同、技术图纸，还有企业自编的一些专业词汇表等，都可以用来作为教材。根据企业的实际情况、产业结构和产品结构的调整对教学内容进行增补、更新和完善。提出合理的修改意见和建议，确定学生必须掌握的英语技能，去掉与生产实际不相符合的内容，增补紧密联系实际的先进的知识和技术，使教学内容能灵活地适应新理念，以保证学生学到实用的知识和技能，使培养出的学生更具岗位适用性。

最后，学生参与本校教材的开发与应用。学生参与 ESP 素材的开发与应用能充分调动学生的自主性，激发学生的责任心，促使学生全程全力地参与，从而使 ESP 的学习更具针对性和实用性。教师带领学生进行社会需求和职业岗位调研，分析从事岗位（群）工作所必需的专项能力。同时，鼓励学生参与 ESP 教材大纲的确定、教学内容的筛选、素材的搜集整理与加工、教材的应用与考核等。教师、学生群体、学校资源与校外行业资源之间进行全方位的合作。让学生从自己平时在专业课程学习、业余兼职、媒体网络或其他途径搜集有关 ESP 方面的材料，尤其是已毕业学生在工作中应用到的产品及技术方面的英语素材。讨论并汇总本专业 ESP 学习可能的范围与内容。在综合多方信息的基础上，师生共同讨论，确定教材的内容范围，并依据学生专业学习的顺序划出内容章节。同时，发挥现代信息技术的强大功能，建立公共网页平台，开设电子公告栏，方便其他专业教师、往届毕业生、行业从业人员参与编写教材。带领学生搜集、整理、编辑 ESP 教材的过程是提高英语教师专业业务能力的有效途径。另外，对 ESP 教材的使用过程，也是不断进行完善的过程。实际教学中，还需给更新、更实用的素材随时补充进来留有空间，以替换某些相对落后的内容，使教材的建设处于动态的完善过程中。

（三）校内校外实训结合，提高学生的英语实践运用能力

语言学的研究表明，人的语言能力如果停留在认知的水平上是很容易被遗忘的，因为语言能力必须通过语言行为才能不断地得到强化和保持。学习者要能使用他学过的语言，并拓展到新的语境中，还要作为一名语言使用者，根据他的需要创造出新的话语。这既是英语实践运用能力的重要表现，也是高校英语教学的最终目的。高校教育在突出"应用"教学特色的过程中，强调专业教学要能进行实践训练，组织学生经常练技能，到现场实施教学，提高学生的动手能力，实现高校毕业生的高就业率。高校英语教学作为职业技能和素质培养课程，在教学改革过程中也应当改变"重理论轻实践"的倾向，要将校内实训教学与校外实训结合起来。

（四）建立科学合理的评价与考核体系

改革高校英语教学效果，提高学生在就业中的适应性，这不仅体现在考试分数上，更重要的是体现在学生对实际操作技能的掌握和社会对高校毕业生应用能力的认可程度上。因此，高校英语考核方式应该特别突出学生对英语知识和技能的应用能力，对高校生学习成绩考核要从单一卷面测试逐步转向英语应用能力的全面评价上来。实现多元化英语就业能力考评办法，打破传统的以笔试定成绩的局面，强调笔头功夫和嘴上功夫"齐抓共管"，听、说、读、写、译综合考评，使学生更注重语言应用能力的

培养，摆脱应试学习模式。英语课程还可以借鉴其他课程的考核形式，如设计形式、实训形式、技能考核等多种考核方式，全面考核学生的综合素质，这样可以真实地反映每一名学生掌握技能的能力和学习效果，对提高教学质量起到推动作用。

1. 针对英语基础知识和应用能力进行考核

目前，高校英语学科考核的主要形式是期末闭卷考试。平时成绩包括学生出勤情况、课堂表现情况、单词听写、平时作业、学生语言能力的评价等。素质教育评价的内容应包括语言知识、语言技能、学习态度、学习策略和学习习惯等多个方面，避免纯知识性的考核。高校英语的考核模式应更为多样，除了期末卷面成绩外，教师更应在平日多角度地对学生进行考核，除了上述提到的基础知识考核外，还应该进行应用能力考核。考查学生对英语各项应用能力的学习掌握情况，根据教学进程需要不定期进行专项能力考试。采用朗读、对话、表演、口译、讨论、竞赛等形式，灵活地穿插在课堂教学过程中进行，随时记分。如听力的测试可以安排在每堂课的前10分钟，教师给学生播放一段事先准备好的短文或者对话，学生完成相应的填空或选择题，利用语言学习系统将成绩统计出来，期末时再计算出每人的学期听力平均成绩，按一定比例纳入考核总分。高校学生最重视的口语考核可以分成两部分：课堂参与和期末口试。课堂参与的形式包括回答问题、参与课堂讨论发表自己的观点、朗诵和背诵教师精心挑选的文章段落等。阅读考核除了课本上的内容外，还可以给学生挑选一些题材广泛、知识性和趣味性兼顾的泛读文章。写作考核主要以平时作业的形式进行，教师可以根据课堂教学内容或课外精选的主题让学生进行写作练习，上交批改，也可以鼓励学生自愿写作，如上交英语周记、英语海报、通知、便条、个人简历、广告制作等，根据内容和次数酌情给分。建立学生平时考核档案，由教师核查、存档，作为本门课程考核的一部分。此外，学生参加的各种校内外英语听说等技能竞赛，按成绩分档次，记入教学考评，期末时将各项应用能力综合起来，按百分比进行期末总评。

2. 结合专业特色和目标岗位需求进行考核

根据学生专业对英语听、说、读、写、译的能力侧重点不同，适当调整对各项应用能力的考核标准，重点提高该岗位群中所需的英语技能。英语教师应该经常结合专业特色和岗位需求进行一些专项训练，如选择一些产品说明书、业务信函、广告、器械操作流程说明、场景模拟角色扮演等，能引起学生的重视，更全面地考核学生的英语综合水平。可以采用与专业教师或从业专家合作的方式，让学生在为ESP教学检测而设的试题库中随机抽取一份英文材料，并让其依模拟操作的场景进行考核，将"学、用、考"三者更紧密地结合起来，充分体现高校ESP教学的应用性原则。依据考核结果对学生进行奖惩和对英语教学进行相应调整。

在学生实训过程中，企业和学校对学生英语技能和实际操作中的表现要做出各方面的评价，教师在学期总评时，按一定比例归入学生能力考核成绩。可以根据企业岗位的英语能力要求组织考试，对学生进行考核，突出实用性，强调英语应用能力，帮助学生更好地发现自身的不足。促使学生更加努力地学习，增强在没有外部协助的情况下，通过自主学习或团队合作解决预设岗位中实际解决问题的能力，提高学生的就业竞争力。这种校企共同参与培养英语应用能力实践的考核办法，最能体现专门用途英语理论指导下高校英语教学定向性、适应性的特征。其评价结果是高校生就业、上岗前展示英语应用能力水平最有力的说明。

3. 结合英语等级证书和职业英语技能证书进行考核

根据高校教育培养目标，培养学生的实际运用能力是高校英语教学的重点。因此，教师和学生必须适应市场需求，遵循就业导向，按照"实用、够用"的教学标准，处理好等级考试与英语技能学习之间的关系，丰富英语等级考试的对象。高等院校普遍把英语应用能力考试 A 级或 B 级作为主要考核标准，英语应用能力等级证是缺乏社会工作经验的学生说明自身英语技能的最好证明。但它只能是英语学习的一种考核方式，教师可以将分数作为课程的终结性成绩计入学分。学生如能在完成该课程前取得英语等级证书，证明其英语能力符合社会要求，可以提前结束课程学习。各个行业的职业英语技能证书具有行业的独特性和适应性，是对高校生职业技能和职业能力的鉴定性考试。学生如果在就业时持有一张职业英语技能证书会更具专业性和说服力。因此，高校公共英语教学中，学生根据所学专业取得相应的职业英语技能证书，如通过剑桥商务英语等级考试（BEC）、金融专业英语证书考试（FECT）等，也可视同该课程合格。同时积极鼓励学生继续提高英语听、说、读、写、译等应用方面的技能，让英语学习向更高层次发展，并对取得的成绩予以奖励。这样能极大地激发学生学习的动力，有助于培养更高层次的英语技能人才。

（五）联合学校与企业加强师资力量的建设

高校教育要紧跟社会的需求，因此，高校教师需要不断地学习来适应社会的迅猛发展。高校应每学年抽出一定的时间，建立个性化、终身化的培养体系，对教师进行英语教学改革、教学内容、教学方式、专业英语等方面的培训，针对各个专业，以满足个性化的培训需求，促进每位教师的专业成长，从根本上提高教师的教学水平和教学质量。只有教师的教学理念、教学方法等发生了转变，才能提高课堂的教学质量。高校英语教师既要讲授英语的基础知识、关键点、难点，还要学习专业知识，以适应英语课程改革的需要。只有"一专多能"的教师，才能培养出"通专多能"的学生，才能保证教学目的的顺利实现和教学质量的不断提高。目前高校真正的"双师型"英语专业教师非常缺乏。学历高、职称高、专业知识丰富的又很少会愿意放弃专业从事教育行业，可以采取以下两种办法来加强高校英语师资力量。

1. 大力培养"双师型"教师

目前，高校英语教师必须要首先把自身"工学结合"起来，掌握专业知识，积累专业从业经验，才能使该专业实现"工学结合"，让学生领略到"工学结合"的魅力和重要性。这就要求原来的英语教师要深入生产第一线，熟悉某一专业（如国际贸易、旅游、数控、机械等专业）的生产现场和操作流程，最大限度地提高自身的实践技能，以适应高校应用型技术人才培养目标对教师的要求。外语系要充分依靠自己的力量，利用他方的资源，建立适合本系复合型人才培养要求的师资队伍。就地取材，创造条件对现有的教师进行培训，选拔一批语言基本功扎实、工作认真负责的英语教师或派出进修学习，或到各个专业跟班听课，鼓励教师考取职业资格证书等，提高专业英语教师的"双师"素质，培养一批具有一定专业知识的英语教师。多层次的培训，对教师提高学历、更新知识、提高专业理论水平和业务能力起到重要作用。如经贸专业的英语教师，他们承担着外经贸英语函电、外经贸应用文写作、外经贸业务洽谈等课程，并利用网络资源，将有关学科的最新信息下载、编辑、制成讲义，丰富课程内容，呈现出教学共相长、师生同进步的态势。还可以校企联合，创建实践、实习基地，挂靠企业落实实践环节教学。让教师有机会到企业参观、实践，参与企业的经营管理等。同时，还可组织有关教师下厂参观考察，到企业见习、顶岗锻炼。学校应积极鼓励教师去企业挂职锻炼，承担科研项目，参与技术革新与改造，同时积极鼓励教师参加教学改革和教材编写等工作，以多种形式和手段促使教师提高业务和教学水平。教师在带队实习和参与企业的科研攻关等活动中可以及时发现学校教育中的偏差，从而调整课程设置和教学安排以适应用人单位的需要。比如，我们组织教师参观公司或企业，使教师有机会和企业管理人员交流，相互学习，了解企业的实际情况，以利于实践教学。①

2. 积极引进企业优秀人才

在招聘富有实践经验的专职英语教师的同时，从企业、涉外行业聘用兼职英语教师也是一个改善高校英语教师队伍构成的重要举措。积极引进，聘请专家、学者和具有丰富经验的企业家当兼职教师，到企业中聘请高级商务人员和管理人员来担任学校的客座讲师、教授，以解决高校教育教师队伍的紧缺问题。可以聘请知名企业的高层管理人员来学院讲课。此外，因为行业竞争的加剧，许多具有良好英语应用才能的企业界人士面临着重新择业的局面，高等院校对于他们来说具有很大的吸引力。高校可以从行业引进英语水平高、有工作经验的人才加入高校英语教师队伍，以改变目前教师队伍的知识结构、学历结构，彻底纠正重理论轻实践的错误倾向。

---

① 佟敏强.大学英语阅读教学理论与实践［M］.长春：吉林出版集团股份有限公司，2009.

第五章　大学英语听说教学理论实践

传统的翻译法重读写、轻听说，这就导致用此法培养出来的外语人才既听不懂也不会说所学语言。20 世纪五六十年代分别在英、美盛行的情景法和听说法，除了学习者模仿对话，以及语法和发音的训练外，听力仍然没有引起足够的重视。听力被看作是想当然的事，它与阅读一起被视为一种被动技能(passive skills)。在过去的几十年里，听力才逐渐引起了教学法专家的注意。20 世纪 60 年代中期，里弗斯（Rivers）、纽马克（Newmark）、迪乐贝尔（Diller）、贝拉斯科（Belasco）等学者率先认识到听力理解的重要性。因此要达到交际的目的，对言语的理解是至关重要的。纽马克和迪乐贝尔强调，需要系统地发展听力理解并不是从听和说的基础出发，而是从它本身是一种技能出发。

在现实语言交际中，听和说是非常重要的交际形式。人们交流思想，互相传递信息都离不开听和说。在当今社会，国际交流与沟通日趋发达，掌握一定的英语听说技能对大学生来讲非常重要。此外，具有一定的听和说的能力，还可以激发大学生的学习兴趣，树立良好的学习信念，为更深入的学习打下良好的基础。①

第一节　"听"的技能培养

如何改进听力教学，提高教学效率，使学生的听力达到《大学英语课程教学要求》所要求的水平，是社会普遍关注的一个课题。

一、重视语音基础能力的训练

语音能力是指运用正确的语音、语调、语速表情达意的能力。说话时声、韵、调的准确与否直接影响到交际的效果，其中声调是非声调语言国家学生最大的难点，欧美学生中文发音的偏误多表现为调域而不是调值，如二声上不去、三声下不来，造成二、三声的混淆。如理发师说"剪个发凉快"，留学生听成"剪个发两块"，因此只付了两块钱，造成交际笑话。而声、韵母的发音错误也会产生误会。一个学生要染发，

① 孔丽芳 . 大学英语课堂教学艺术与应用实践［M］. 北京：九州出版社，2018.

她想说"我要红色"，可是美发师听成了"黄色"，结果学生顶着一头黄灿灿的头发来上课。这些都是发生在我们周围真实的故事。除了这些极端的例子，在实际交际中，"洋腔洋调"有时可能并不影响理解，但作为口语教师，还是应该给予足够的认识。教师可以从培养学生对汉语语音的音感和听觉器官对汉语语音辨析的灵敏度，恰当地运用重音、停顿、语速以及语调来表情达意等方面入手，培养学生"字正腔圆"的语音表达。纠音纠调的指导要体现在学生的口语表达训练中，教师要把握好何时纠，纠到什么程度，掌握好分寸和时机。

语音是构成口头与听觉交际的基本成分。从语音学角度来说，它包括发音、声调、连读、意群与语流等内容。听的能力是以语音知识为基础的，如果说阅读理解能力首先离不开词汇量的多少，那么，听力理解能力首先取决于语音基础的功底。可以说，语音基础知识是听力理解能力的基础。

对于刚刚步入大学的新生来说，他们在中学期间接受语音训练的机会不多，多数人存在发音不准、辨音和读音困难等问题。因此，为了使他们尽快适应大学英语听力教学，打下扎实的语音基础就显得尤为重要。在听力教学中，着重培养学生的语音基础能力必须有计划、有目的地进行，应始终结合教材，有计划、有规律、有意识地训练学生的基本听力技能——辨音能力。辨音能力是指辨别音素、重音和语调这些语言的特征以及将语音词语和语法结构联系起来进行理解的能力。

英语中有些非重读词（主要为助动词、系动词、介词、连词、冠词和人称代词等）有两种读音形式：强读式和弱读式。

强读（Strong Form）：句子中的实义词（名词、实义动词、数词等）通常是句子的关键词，携带重要信息，应该重读。如在"You have finished the job"一句中，"finished"和"job"一般重读。有时为表达特定的含义，把重读放在本不该重读的词上。如上一句话若把重音放在"have"上，则含有说话人未料到"你"已完成了工作的意思。

弱读（Weak Form）：英语中的介词、冠词、连词等虚词有两种读音：一种为强读形式，用于单念和连贯言语；另一种为弱读形式，用于言语的轻读。轻读表现在元音的弱化上，言语中语气越随便，语流越快，弱化现象越频繁，也就越难懂。有些单词，如介词、连词、冠词、代词、助动词，在句中一般弱读，但偶尔为了特殊需要也重读。

二、重视听力微技能训练

所谓技能一般是指通过学习和实践所掌握的某种能力。外语听力技能具体是指经过学习与操练培养而成的听懂外语的能力。如此定义听力技能或许不应引起太大争议，然而这个定义似乎过于笼统，无法使人清晰了解听力技能的内涵，也不足以将听力与其他语言技能（如阅读）有效地区分开来。但是，实际上从当前文献中也很难找到一个能够被各方接受的定义。在有关英语听力的研究文献中，有些学者对 abilities（能力）、knowledge（知识）、skills（技能）、processes（过程）和 levels of processing（处理层面）

等术语并不严格加以区分，而是常常互换使用（Buck，1998）。另外一些研究者认为，这些术语存在明显差异，不能混为一谈。分歧的根源在于，听力理解本身是一项十分复杂的认知活动，涉及语言的、副语言的，甚至非语言的等多种因素。因此，要对之下一个既简明扼要，又具有充分解释力的定义绝非易事。即使像上文那样提供一个笼统的定义，对外语听力教学和测试等活动未必能有多少实际价值。这也许就是为何很多研究者并不满足于简单地为听力技能下一个定义，而是关注于深入地分析其构成要素，即着力探究听力（理解）的微技能，从而使研究成果能对外语听力的教、学等活动具有更大的实践意义。听是一个完全的实时进程，它要求听者必须在一定的时间内，对所听到的内容做出迅速反应，正确地理解和有效地记忆。显然，听的能力不仅与听的技巧及其熟练程度有关，而且与听者的语言能力、文化知识以及思维能力等因素有着不可分割的内在联系。在听的过程中，任何一个微小的环节出现障碍，如词汇、语音、背景知识不足，以及注意力的不集中，都会影响听者对段落或篇章内容的理解。因此，对于语言学习者来说，要做到在有限时间内准确理解说话人的意思，确实是一项具有相当难度的任务。

在听力教学过程中，我们十分注意听力微技能的训练。就听力交际而言，理解有声语言的交际过程可能是一种估计、猜测、预期、推断、想象等技能积极地在相互作用的过程。因此，学生在实际上所具备的听力理解能力，也必须是由各种听力微技能所组成的。要提高学生的听力理解能力并非单一强调"多听"，而应该针对听力实时性强的特点，重视"怎样听"这一环节。换言之，就是要培养他们掌握听力中的各种微技能（Micro Skills），才有可能从总体上提高听力。那么，如何培养学生良好的听音习惯，使其灵活掌握与运用各种微技能来提高听力理解能力就成为我们面临的一个重要课题。在教学实践中，我们要强调"怎样听"这一教学环节，重点培养学生的听力微技能。①

（一）培养学生养成良好的听前心理准备习惯

听前心理准备同样关键。学生听前的心理因素和精神状态，对听懂一篇短文或一段对话有着直接的影响。较为有效的方法就是采用预示（prediction）的方法，给学生指引一个方向，使其注意力有所专注。教师可以通过提问的方法，激发学生想象的火花，挖掘其潜能，诱发他们"听"的欲望。听前心理准备，实际上就是培养学生猜测和预料的能力（Ability for Prediction）。心理学家认为，人们做任何事情都应做好心理上的准备。学生进行听音时更是如此，如果学生在缺少听前心理准备的情况下，无目的及"漫游式"地去听一篇内容陌生的材料，其结果只能是不知所云。

听前心理准备是听力教学中最快捷、最有效的方法。它通过借题发挥，激发学生积极向上的心理状态和主动参与的欲望，同时通过一定的练习形式，如通过预先提问的问题（Prequestions）或概括性的问题（General Questions），或者让学生浏览听力

---

① 佟敏强. 大学英语阅读教学理论与实践［M］. 长春：吉林出版集团股份有限公司，2009.

材料所设定的选择题，来启发学生预测听音材料的内容。教学实践证明，这种方法完全符合语言交际的本质。其原因在于学生能够根据所提供的信息，基本上预测出所听内容的范围以及听音后要提出的问题，做到心中有数、有的放矢地去听，从而达到快速灵活地理解所听材料的大意，对深层内涵做出反应。

例如，在以 My Husband's Wonderful 为题的对话中，其中一个问题选项是这样设计的：

A.Taking a walk in the street.

B.Boasting about their husband.

C.Talking about their family.

D.Eating at a restaurant.

学生浏览完选项后，多数人对选择项 B 中 boast 一词不熟悉，故对问题 What are Jane and Sally doing？的回答就显得不知所措。这时教师可引导学生回到对话标题，先提出几个具有启发性的问题，引导学生对对话内容进行预测。例如：

T（Teacher）：What are the two ladies talking about？

S（Students）：They are talking about their husbands.

T：Are they speaking well or speaking ill of them？

S：They are speaking well of them.

T：Yes，they are boasting of them. So "boast" means...

S：Speak well of somebody.

教师充分运用预先提问的引导方式，使学生在心理上有了充分的准备，学生的猜译能力也随之提高，选题的正确率自然也就提高了。

（二）采用全面听的方法

培养学生听主题思想，带着问题有目的地听，辨认有关点，舍弃无关点的能力。并进行复合式听力训练，旨在训练学生听的能力、拼写能力、记笔记能力和书面表达能力。在听第一遍时，抓住材料的中心大意，向学生提出几个宏观的理解性问题（General Questions for Understanding），检查学生对听音材料的理解程度。例如，在 *The City to Surf* 这篇有一定难度的听力材料中，教师不妨从主题入手，充分利用课本上的插图这一直观形象，启发学生根据图示所标方向，找出 Sydney and Bondi 的路线，进而对材料中的听力理解问题 What kind of sport is "the city to Surf"？就比较容易回答了。在听第二遍时，应引导学生对一些带有信息的词（如地点、气候、日期等）的基本问题边听边做快速笔录，摘取所需信息，促进有效记忆，为听后理解练习做好准备。第三遍听音，是听力理解训练的深化阶段。这一阶段的主要目的是使学生从语篇角度理解整篇听力材料，能回答"What does the passage tell us essentially？"之类的问题。因为有了听前的心理准备，听过两遍录音之后，学生在回答语篇理解性的问题时就比较得心应手了。由此可见，各层次有准备和有目的的听力教学有利于学生掌握听力训练的方法，从根本上逐步提高听力技能。

三、重视情感因素的培养

对学生而言，课堂是教学活动的主要场所，教师是录音与学生之间的桥梁。因此，在授课过程中，教师不仅要让学生掌握整篇听力材料的中心内容，随时了解学生对所听内容的反应，同时还要重视情感因素对听力教学的影响。听力课授课课时少，多数学校都安排为每周一学时，因此课堂上教师把大部分时间都用在学生与听力材料接触上，教师参与机会甚少，加之在语言实验室上课，教师位于控制台前，学生坐在隔断座位上，课堂教学通过耳机传授。这一固定的教学模式，极大地限制了教师授课时的必要表情和动作，客观上造成了教师与学生之间在空间和情感方面的距离。这种机械式的教学模式，使教师无形中成了 Button Pusher（按键人），结果导致课堂气氛沉闷，学生学习兴趣丧失，甚至产生了厌倦心理，到课人数也随之减少。

心理学研究表明，智力活动的最佳情绪背景是凭借兴趣和愉快相互作用的，良好的心理和精神状态是提高听力教学效率的保证。因此，针对听力教学这一特点，重视情感因素的培养对听力教学的影响不容忽视。教师不仅要给学生创造良好的课堂环境，而且还必须认识到课堂气氛、情感意志等非智力因素对改善智力因素、提高听力教学效果必不可少的重要作用。要充分调动学生的全部生理和心理因素，使其处于积极向上的状态，积极主动参与课堂活动，愉快地感知录音材料，使学生既思想高度集中，情绪又不过于紧张。有了学生主动积极的投入，其他难题就会迎刃而解。

（一）调节学生情绪，调动学生的积极性

在传统的听力课上，许多学生常常处于一种紧张状态，充满焦虑，缺乏自信，无法集中注意力，有的学生甚至一进语音室就开始感到这种心理压力，而一下课则如释重负。这样的心理状态直接导致学生的学习积极性受到抑制。因此，在听力教学中首先要解除学生心理上的负担，调整其心理状态，使其积极主动地投入到听力学习中去。教师所面临的首要任务就是要营造轻松和谐的学习氛围，舒缓学生的听音焦虑，将学生对外语学习的情感因素和积极性充分调动起来。教师要帮助学生树立自信心，这是提高听力水平的重要保证。因此，在听力教学中，教师应该正确评价并多鼓励和激发学生的自信，使其体会成功的喜悦。如果听者充满信心，轻松、愉快地听，其思维会比较活跃，也就能最大限度地发挥他们的听力水平，进而增强他们的积极性，形成良性循环。

无情感的被动学习，学生即使拥有良好的学习潜能，学习的积极性也不会被调动起来。对此，教师应根据不同的学生采取不同的方法调动其积极性，使他们在情绪上接受教师的引导与课型安排，并通过教师亲切的话语、鼓励的眼神、生动的体态语言、整洁得体的仪表，使学生产生信任感。

情感是调动学习者学习积极性的根本，要使学生愿意并自觉地接受教师授课的内容，学生与教师之间就需要一种情感上的沟通。如果教师对此注意不够，所传授的知识就可能被抵触的心理屏障挡回。现实中，学生喜欢哪位教师就会喜欢哪位教师所授的课。教师还应该处处为学生做出榜样，以自己的人格魅力赢得学生的信赖，才能在教学中产生一种号召力，调动起学生的学习主动性和积极性。教师要重视培养和不断激发学生的自信心及内在动力，促使学生对外语听力学习保持一种持久而浓厚的稳定兴趣。教学方法和学生的成就感对学生的内在学习动机影响很大，这就要求教师用恰当的教学方法让学生获取学习成就感，从而激发学生的学习兴趣，主动学习。

例如，当学生步入语言实验室时，通常是刚刚结束了其他学科的学习。由于各方面因素的影响（如同学间天南地北的交谈等情绪因素），心理尚未处于较稳定状态，注意力还难以集中。这段时间，教师也不宜马上开始上课，可安排一些趣味性较强的听力材料。比如，可放点轻松悦耳的音乐、英文歌曲或幽默故事等，以缓解学生的紧张情绪，使他们在轻松畅快的心境中进入听力训练的良好状态。这一教学方法有利于集中学生学习的注意力，引起他们的学习兴趣，有效调动学生学习的主动性和积极性。

（二）抓住下课前的十分钟

心理学家认为，兴趣是能量的调节者，它可以使困难容易解决，并能减少疲劳。在教学中不难看到，学生感兴趣时，思维就活跃，记忆效果也会随之提高，否则很难积极投入到听音材料中去。良好的结尾也是成功的一半。所以，还应当抓好下课前的十分钟。大多数学生经过一段时间精神过度集中后，在下课前几分钟会感到焦躁不安，尤其是上午第四节和下午第七节课更是如此。这段时间，不宜安排篇幅过长的听力材料，要根据教材或课外材料，有选择地将短小精悍和轻松愉快的听力材料安排在最后的十分钟，将听力材料的难易程度进行对换，在课堂中先听较难的材料，最后听趣味较强或较短的材料。总之，下课前的十分钟，学生听的录音材料篇幅不宜过长，难度不宜过大，以松弛学生的紧张情绪，消除疲劳，使不同水平的学生都有收获，帮助他们为上好下一次听力课树立信心。

当然，在具体的教学过程中，对于不同水平及个性差异的授课对象，在此基础上应采用灵活多样的听和练的方式，力求使学生对听力课感兴趣，激发他们的学习积极性和主动性，达到听力课的最佳效果。①

四、以阅读促听力

学生在听力方面常遇到的问题是关键性的生词会妨碍对句子乃至段落的理解；语法结构——多种不同语法结构的存在也会造成思维与语速不协调，影响对句子或语篇的全篇理解。而以上两点都可以通过阅读来克服。因为阅读和听力实质上都是一种由速度、记忆、判断和概括与理解紧密地联系在一起的综合能力，两者所遵循的思维方式基本是一致的，阅读能够扩大词汇量，加深对词意、语法现象的理解和记忆；扩大知识面，有利于对材料深层次的理解，可训练思维、理解、概括能力，从而提高收听

---

① 蒋云华.网络环境下大学英语写作教学理论与实践［M］.昆明：云南大学出版社，2012.

理解的速度与准确性。读得越多，词汇复现率越高，对常用词语就会越熟悉，在听时就可以免去把英语译成汉语再理解这一心译过程，直接去领会理解所听到的材料内容。阅读速度的提高能促进思维节奏的加快，这样在听时能跟上正常读速的英语。泛读、速读的阅读形式最适于提高听力理解，训练中要注意在理解的基础上扩大词汇量和训练语言的转换能力；理解与速度并进，一气呵成，不要频繁查字典影响思维的进程；阅读材料与听力材料的深浅程度要保持一致。另外，阅读是一种主要的语言输入来源，它不但增加了学习者接触语言的机会，还丰富了他们对英语国家的文化知识和社会背景的了解。教师要丰富学生的知识，培养其语感、让学生们了解英美文化及篇章结构，弄清他们的思维方式，从而促进听力的提高。阅读量越大，英语整体水平就越高，听力水平也会随着"水涨"而"船高"。

五、精听与泛听相结合

在听力训练中，既要能准确无误地听出某些重要的数据、年代、人名、地名及事实，又要兼顾把握大意的训练，这就要求精听和泛听相结合，交替练习。精听练习不仅能够提高听力水平，还能够极大地促进词汇和语法学习。精听时，对听力材料中的音素、单词、句子、段落、意群要逐个精听、细听、反复地听；在精听的过程中，要注意抓住数字、地名、方向、人名、日期、年龄等关键信息；在听的同时，可用缩写或用自己明白的符号记录有关信息。泛听主要是抓大意，不要纠缠于细节。一个词、一个短语，甚至一个句子听不懂没关系，只要不影响对整体文章的理解，能了解内容的大意即可。在泛听训练过程中，学生的积极性很高，认为不仅开阔了视野，还扩大了词汇量。①

精听就是要反复听，把每个词都听准，然后进行听写或概括总结等。但遗憾的是，由于课时、设备等多方面的限制，精听常常被人们所忽略。很多人认为听写很枯燥，其实听写的形式也很多样，可以是词汇词组听写、完成句子式听写、填写表格式听写、回答问题式听写、完整的句子听写、复合式听写以及短文听写等。对于短期内提高听力词汇量最为有效。泛听就是听取大意，获取信息点，不一定要全部都听懂，泛听在考试和生活中较常使用。还要打下坚实的听力基础，最好是精听与泛听相结合，横纵交错，既有实战操练，又有查缺补漏。

但怎样指导学生进行课外泛听呢？听力课时有限，每周一节的听力课不能保证有效提高学生的听力技能。教师应指导学生课外收听英语广播、观看英文电视节目、欣赏英文电影、听英文歌曲等，使学生熟悉不同口音、性别、年龄、国家的读音，扩大知识面，培养语感，增强反应能力，达到提高听力的目的。

总之，在具体的教学过程中，对于不同水平的授课对象，应采用灵活多样的听和练的方式，力求使课堂教学生动活泼，激发学生的学习积极性。

教学实践表明，作为一名听力课教师，要取得比较完美的教学效果，努力营造一个良好的课堂气氛，并根据授课特点灵活运用教学技巧，不断完善教学方法是十分必

---

① 佟敏强.大学英语阅读教学理论与实践［M］.长春：吉林出版集团股份有限公司，2009.

要的。要做到这一点，不仅需要教师自身具有较高的授课艺术，掌握丰富的教学方法和技巧，更重要的是需要教师有崇高的献身教育事业的决心和对学生的爱心以及永不满足的进取精神。

六、利用现代科学技术提高学生的听力兴趣

教师应充分利用丰富的网络资源为学生创造一个真实的语言学习环境。语言学习需要一定的自然环境、情景和语境，但在传统的英语听力课堂教学中，教学手段单一，教学设备陈旧、落后，而且受教学条件所限，不能给学生创造一个真实的语言环境，更无法提高他们的听说能力。而在新型的外语教学中，丰富的多媒体网络资源可以通过多种形式，利用现代科学技术播放原版影视片，给学生提供听自然口语的机会，可以使听力教学更具有吸引力与趣味性。原版影视片解决了高校口语听力课每周课时数不足的问题，而且弥补了口语听力课的弊端，为学生提供了一个接触自然语言的机会，弥补了规范英语授课的缺憾。影视片中涉及的文化背景知识开阔了学生的眼界，使学生了解到在语言的理解与交际中广博的背景知识的重要性。同时，影视片的不同主题刺激了学生关于个人与社会问题的探讨与记录，使普通的语言课变成了令人快乐和富有成效的活动。这个过程中，在教师的指导下，有效利用了多媒体手段，为学生提供了真正接触和运用自然语言的机会，使学生真正体会到"听懂"英语和"会说"英语的乐趣与成就感。

第二节　大学英语复式听力教学

一、听力教学的特征和面临的问题

在外语教学历史上，听力教学的地位随着不同的历史时期教学法的变革逐步受到重视。如何有效利用课堂有限时间，以达到最佳教学效果，可谓仁者见仁，智者见智。在前文论述的一些改进与完善教学效果的听力教学技巧中，其实也提出了一个重要概念：复合式听力训练。教学实践证明，在听力教学中，设计多层次、有目的、有针对性的多次听力训练是提高学生听力行之有效的教学方法，也是提高听力教学质量的重要手段。

大学英语听力课课时少、任务重，要在有限的课时内培养学生一定的听力技能，难度不言而喻。听力课的课时是明文规定的，如果没有外界所促使的可变因素，各个学校一般不会轻易改变。所以，大学英语听力教学的关键要在教与学方面找原因，即找出学生自身和教师教学之间存在的矛盾，解决由于这两方面不协调形成的障碍。

在多年的教学实践中，有两个主要原因：一是大学英语学生的实际英语水平有限，学习兴趣不稳定；二是因教学缺少针对性，导致教学效率不高。要解决这两个问题，首先要协调好两者之间的关系，采取有效措施，从各层面提高学生的实际水平，激发他们的学习热情；其次要对症下药，有的放矢，提高教学效率。

近年来，随着全国大学英语教学改革的不断深入发展，各层次英语教学的进步与完善以及国际交流的日趋频繁，学生的英语实际水平已有很大的提高，学习热情也日益高涨。这种现象在全国高校越来越普遍。因此，上述第一个障碍已经开始弱化，而第二个障碍则成了要重点解决的矛盾。

根据实践与调查研究，要提高教学效率，有诸多方面的工作要做。在听力教学方面，存在的首要问题是学生在听短文或较长的对话时，思维理解跟不上语速，语篇理解能力较差。在教学实践中我们发现，学生对听辨语音、单句及简短对话等单项练习并不感到十分困难，最大障碍是短文听力或长对话听力。究其原因，主要有如下三方面：

（1）学生缺少听前的心理准备，经常无目的"漫游式"地去听，其结果往往是不知所云的。

（2）不良听力习惯的影响。目前，很多学生在听音时养成了一些不良习惯。比如，有些学生边听边翻译成汉语，有些一碰到听不懂的词，就停下来查词典，结果是前面的没弄懂，后面的也没听清，导致无法理解整篇材料。而且，多数学生在听录音时普遍存在一种心理状态：力求听出每个词、每句话，往往对听力材料中每个词、每句话给予同等的注意力和时间。事实上这是达不到的，而且也没有必要。

（3）学生缺少正确的听力方法引导和听力技能训练。解决学生在听力理解方面的问题的根本是引导学生用正确的方法进行听力技能训练。

二、复式听力教学的概念和运用

所谓复式听力教学是指运用多层次的"一文多听"或"一话多听"的方法。"一话"指一段较长而完整的对话，并非指一句话。根据不同层次的不同要求，由小到大、由部分到整体、由表层到深层地培养学生语篇听力理解能力。具体而言，就是培养学生对听力材料的分析、归纳、综合及推断能力，帮助其纠正过分注重单词、句义理解而束缚思维活动延伸的不良听音习惯，养成良好的语篇理解习惯，从而使学生达到快速灵活地理解所听材料的主旨及对深层内涵做出反应的效果，具体操作程序如下：

（一）听前心理准备阶段

大学英语听力课时有限，只有充分调动学生的生理和心理因素，才能使其处于一种积极向上的状态，积极参与课堂活动，思想高度集中而又愉快地感知录音材料，才能提高课堂效率，逐步克服听力障碍。由此可见，学生听前心理因素和精神状态对听懂一篇短文或一段对话有着直接的影响。试想，如果学生听前心理紊乱、精神不佳、注意力不集中，或因对所听材料毫无了解而缺少听的动机和目的，其结果如何不言自明。

听前心理准备的方式很多。在听力课上最快捷、最有效的方法是采用预示（Prediction）的方法，在正式听音前可采用预示的方法借题发挥，即预先向学生问些与听音有关的问题，激发想象力，集中注意力，产生一种积极向上的心理状态，同时通过一定的练习形式和有针对性的问题，引导学生有目的地听（Purpose Listening）。实践表明，这种方法完全符合语言交际的本质。

根据杰瑞米·雷纳（Jeremy Harrner，1983）的论述，交际的本质是指由于交际双方之间有一条信息沟（Information Gap），交际双方都有兴趣和要求填补这一沟壑。于是，双方采用特定的语言进行沟通，以填补这一沟壑，以下是交际双方在交际前的心理状态及语言条件：

说话人：有话可说

有交际目的

选择储存的语言

听话人：想听说话人所言

对交际目的有兴趣

综合处理语言

这一程序说明了交际的本质，也说明了交际的过程。除了语言因素之外，交际双方的心理有一个共同特征，即说话人和听话人都有的交际动机和兴趣。这一特征以信息沟为基础构成了交际的一大准则。因此，听力教学要体现语言客观规律，首先要符合这一原则。

预示的方法即借题发挥，向学生发问，激发其想象力，从而使其注意力集中，心理积极向上。例如，在听 *Tokyo—a City Rebuilt* 这篇短文之前，教师可以就 Tokyo 发问：

Where is Tokyo ?

Have you ever been there ?

Can you imagine what kind of city it is ?

What are the characteristics of Tokyo ?

学生根据自己的已有知识大胆想象，将自己的预示和将要听到的录音内容自然地联系起来，对东京了解的欲望就会大为增强，对要听的录音内容会倍感亲切。这种方法不仅排除了学生的畏难情绪，更重要的是诱发了他们听的欲望。借题发挥的关键还在于教师要能借上题，能发挥出来，然后才能引出学生的智慧火花。这就要求教师把握总原则，先把自己的想象力发挥出来，然后不拘一格，用诱导性问题和其他灵活多样的方法来挖掘学生的潜能。

有目的地听，是指通过一定的方式让学生的思想提前有所准备，有明确目的地去听。通常的做法是采用 Prequestions 或 General Questions，或者让学生听前浏览标题、题型及有关的提示或要求等。大学英语听力教材的训练内容主要集中在对话、短文和少量新闻上，其题型主要为单项选择、复合式听写、简答题等，而针对语音知识和影响听力理解因素方面的训练内容却很少，因此学生擅长采用的策略一般跟课堂所训练的内容有关。目前的大学英语听力教材往往练习形式多样，有多项选择，也有上下文情景听写、引导整篇理解的填空、回答问题、图表填空、正误判断等。多项选择所提供的信息量过少、题型单一，不利于学生有目的地听及语篇理解习惯的养成，反而容易导致无目的"漫游式"地听。与其说多项选择是练习，不如说是测验或考试，所以在教学中可将它和其他各种练习顺序调整，先处理其他类型的练习，后处理多项选择。这是因为其他各类型练习信息量大、目的性强，形式灵活多样，有利于学生语篇理解与有目的的听力训练。实践证明，在处理完其他各类型练习后，多项选择显得十分容易，难题也就迎刃而解了。例如，在听 *Ramon Was Proud of Blackie* 短文之前，先让学生阅读练习二的五个问题，然后带着这些问题听，并回答问题。实践证明，这样做要比先做多项选择练习效果好得多。又如，*What about a Snake*？的练习二是表格填空题。表格的信息提示恰好是录音内容的轮廓，可以帮助学生推断出此短文的目的，有利于语篇理解。有针对性地采用一定方法引导学生有目的地听对纠正学生不良的学习习惯大有好处，可消除其畏难情绪，增强其语篇理解能力。①

（二）"一文多听"或"一话多听"阶段

这一阶段是培养学生听力的实质性阶段。其主要方法是要求学生通过三次不同要求和目的去听，由小到大、由部分到整体、由表层到深层地培养学生语篇理解及获取特别信息的能力。

（1）"一听"即略听（Listening for General Information）。要求回答概括性问题（general questions），检查对主旨大意的把握情况，消除逐字逐句理解，不关注全局的现象。引导学生如何抓住主题句（topic sentence），以及主题句常出现的位置。

"一听"的主要目的是通过回答有关中心大意的问题或做有关练习，检查学生对中心大意的理解，逐步使其自动克服上述不良习惯，养成语篇理解的能力。同时，还应重视学生听力技能的培养，随时向他们传授有关知识，并引导他们将这些技巧运用到听力训练中去。例如，听短文时，引导学生抓住全文的首句和末句，各段落的首句、末句或重点句。要告诉他们，这些句子对全文和整段有概括和提示作用，听懂这些句子对语篇理解的习惯形成非常有用。又如，要告诫学生，在听较长的对话时应自始至终地把握交际双方的关系、话题、说话地点等关键性的问题，以便更好地通篇理解。

（2）"二听"即获取特别信息的阶段（Listening for Specific Information）。"二听"完，就细节问题提问，训练目的是让学生排除无关内容，准确听辨所需的具体信息。"二听"的主要目的是训练学生准确地听辨出"特别信息"的能力，回答出如 Who...？What...？Why...？Where...？How...？等引导的含有具体意义的问题或完成有关练习。"二听"是在"一听"将听力材料的中心思想进行概括的基础上进行的，主要解决"一听"中没有完全听懂的问题，可以说，这一阶段是"一听"的继续和深化。

"二听"的关键在于引导学生排除无用信息，有目的地听辨所需的特别信息。这

_____

① 蒋云华.网络环境下大学英语写作教学理论与实践［M］.昆明：云南大学出版社，2012.

是一项基本的听力技能，一定要通过各种练习加强训练。

（3）"三听"即精听（Intensive Listening）。要求学生找到更加详细的具体内容。这是巩固"一听"和"二听"成果的深化阶段，其主要目的是要求学生达到比"一听"更为深化的语篇理解，比"二听"更全面、更具体的特别信息理解。首先，教师应该拥有熟练操作语音设备的技能，使学生听清、听懂录音材料上的语言项目，如疑问、感叹、否定、比较、虚拟、因果、建议等。另外还要强调关键的常见语法结构和关键词等，消除剩余的语言障碍。其次，要求学生在此基础上达到语篇理解的升华，即不仅使其掌握整篇听力材料的主题思想和说话人的真实意图，而且要通过一定的有效练习培养其判断、推理、综合、归纳的能力。实践证明，复式听力教学符合人类认识客观规律的模式，它循序渐进地从简单到多层次地培养学生的听力技能，既突出了语篇理解，又在语境的基础上加强了特别信息的理解训练，最终达到语篇的深入理解并使之升华，是一种行之有效的听力教学方法。

第三节　"说"的技能培养

一、大学英语口语课型的特点

随着大学英语教学的发展进程，一些大学根据社会发展和转型的需要，将大学英语的课型细致划分，口语课型就是其产物之一。在这些大学里，"说"已经作为一个独立课型出现，重点培养学生说的能力。进入 21 世纪以来，为适应大学英语"第二次革命"要求，发生了"三个转变"，即教学思想的转变、教学模式的转变和评估方法的转变。在这三个转变中，都对学生的"听"与"说"的能力尤其是"说"的培养给予了非常充分的重视。在教学思想的转变中，要求以"读"为主转变为以"听、说"为主；在教学模式的转变中要求充分利用先进科学技术，围绕"听、说"去搭建教学互动平台，建立学生自主学习体系。此外，与之相配套的教材依托于先进科学技术，与网络配套，突出自主互动地培养学生的听、说能力；在评估方法的转变中，一系列的举措相继出台，也将彻底改变全国大学英语统考的模式，其中在测试中增加了听力的权重，降低了参加全国大学英语口试测试的最低分数线。至此，大学英语教学已经在教学理念、教学模式和评估方法三方面给"说"开辟了一条康庄大道，专门培养学生"说"的能力的口语课型纷纷建立，关于"说"的课程体系已见雏形。

需要注意的是，大学英语的"第二次革命"是一次翻天覆地的变革，涉及的情况比较复杂。大学英语面向的是非英语专业的大学生，学生的精力有限，学习目标和结果也各异。此外，大学课程体系中大学英语的课时也非常有限，而且各个大学的财政状况不同，并不都能保证充足的建设投入。加大学生听说实践的力度，多媒体、网络、电视为今天的外语教学提供了最大的便利，它们使外语教学更加生动、活泼、丰富多彩。教师在继承现有教学模式中优秀部分的同时，要逐步推广基于校园网的多媒体教学模式，开发网络教学系统和多种多样的课程教学软件，发挥计算机可单独反复进行语言训练，尤其是听说训练的特点。学生可以根据自己的需要进行反复的听说训练。通过语音跟读、人机对话、角色扮演、陈述等形式，学生的听、说能力有望得到提高。

最后，上述三个转变也对大学英语教师的业务能力提出了更高的要求，而长期以来大学英语师资队伍建设投资少、不重视，也成为阻碍全面开展对学生"说"的技能训练与培养的瓶颈。正是由于上述原因，在"三个转变"指导下的大学英语教学仅在某些大学进行了试点。①

除了一些试点院校和个别院校开设了"听、说"分离的课程，目前大多数大学的英语课程中仅有听力课。在这样的背景下全面探讨大学英语"说"的技能培养显然是不现实的，全面总结相关教学经验和理论也为时过早。

二、"说"与"听"要密切结合

按照语言规律，在日常交际中，人们的交际首先是不断地聆听与表达。聆听与表达是输入和输出的关系，听属于输入，说属于输出。语言的输出是以输入为前提的，而输出则是对语言输入的有效检测，丰富准确的语言输入是确保高质量语言输出的必要条件。因此，输入、输出是听说技能在现实交际中的直接反映，是实现交际成功必不可少的两方面，二者密切相关，缺一不可，我们不能主观地将两者孤立起来。

随着中国加入世贸组织及开放的深入，我国对外语人才尤其是优秀的口语人才的需求变得更加迫切。虽然大学英语口语课型目前仍处在试验期，但是对大学生口语能力培养的讨论却进行得如火如荼。共识是：大学生英语口语能力在教学体系中应得到充分的重视。这是大学英语改良思潮作用下的结果。说它是"改良"是因为它没有像大学英语"第二次革命"那样彻底地对改变大学英语被动局面做出的全新设想，而仅仅在已有的大学英语课程模式的基础上，要在教材编写方面将"听力教程"改良为"听说教程"。客观地讲，这样的思路是一个大的进步，但是大学英语课程设置课时很少，平均一周一节。在这样少的课时内，教师要很好地进行听说技能培养难度很大，加之现在的教材也越编越厚、内容越编越多，更增加了课堂处理的难度。结果在课堂上，学生听完听力材料后时间已经所剩无几，来不及进行口语技能训练，教师迫于无奈还是将听说课当成听力课来上了。现实情况表明，这样的课程设置对口语技能的培养重视不够，给学生提供开口说的机会很少。实际将"说"与"听"剥离开来，仅留下了机械与单调的听力技能培养，严重影响了学生交际能力的培养提高。

尽管口语课型尚未普及，但是现有听力课型实际上已经融入了对"说"的培养。在教学实践中，我们应坚持语言教学规律，尽力合理运用课时，给"说"留出一定时间，充分利用先进的技术设备，采用多媒体提高课堂效率，使"说"与"听"密切结合起来。

---

① 窦国宁.创客教育理念下的大学英语教学理论与实践［M］.北京：企业管理出版社，2019.

大学英语教学的最终目的是培养学生的交际能力，而交际能力最主要的体现就是学生听说结合的综合能力。因此，听力作为一门以语言输入为主的课程，口语作为一门以语言输出为主的课程，二者应并行，相辅相成，共同促进输入、输出的完成，实现交际的最终目的。

总之，大学英语教师应当在教学实践中把听、说结合起来，借助先进的现代化多媒体教学手段，在课堂上实现听与说的密切结合。

三、重视培养"说"的课外环节

良好的口语能力，首先是要有正确的语音语调；其次是语法正确，用词恰当，符合英语表达习惯；再次是内容充实，逻辑性强；最后是流利而富有感情。大学英语课时有限，而课外的学习时间则是无限的。大学英语教师应力图将课堂上有限的时间延伸到学生无限的课后自学中去。这条教学规律对于任何学科的教学都是必需的，不过大学英语的特点使之显得格外重要。教师的课堂教学犹如"画龙"，"点睛"还要由学生自己在课外来完成，仅凭课堂有限的课时是不可能学好英语的。作为学生，要想真正提高听说能力，除了重视课堂，还必须加强课后有关听说的练习，养成课后自学英语的好习惯，如参加英语角口语会话活动，积极参加口语竞赛以及通过各种渠道广泛听各种听力材料等。主动为自己创造一个良好的口语与听力环境，巩固课堂上实践过的内容，进一步提高自己的听说能力。

在教师实践中，一方面，教师应重视学生课后环节的自学，督导他们进行大量的自学练习，以保障听说能力的进一步提高。另一方面，教师还应引导学生选择正确和科学的自学方法进行听说练习，使他们明白掌握正确和科学的自学方法是成功的一半。首先要指导学生正确选择合适的听力材料。为了提高听力水平，应该根据自己的实际，选择一些具有真实性、可理解性和多样性的材料来练习。根据心理语言学家的研究，一段完全听不懂的材料，对于听者来说，只能是一种噪声，对提高听力不会有帮助。因此，选择适当的听力材料很重要，选择好了适合学生水平的听力材料，学习热情就会被充分地调动起来，他们就会自觉地进行由浅入深的有效训练，就能逐步养成良好的自学习惯，获得成就感，享受"听懂"的乐趣，提高自己的听力水平。其次，教师要告知学生，在进行听力练习时，一定要专心致志，仔细听音，坚决改掉一边听录音，一边心不在焉的不良习惯。因为人在全神贯注时，大脑细胞越处于兴奋状态，外界信息"冲击"大脑所留下的痕迹就越深。只有专心致志仔细听才能收到好的效果。这也恰恰解释了为什么许多学生每天都在练习听力和收听英语广播，但一直还是听不懂且进步不大的真正原因。再次，在听力输入的基础上，教师一定要多鼓励学生在课外张开嘴巴说英语，以"听"促"说"。课外练习口语的机会和场合非常多，而学生对此并未有足够的认识。教师除在课堂上为学生创造"说"的机会之外，还应具体地告知学生，一方面要积极参加英语角和口语大赛等常规的和正式的活动，创造练习口语的机会。另一方面，像课文复述、同学间的英语聊天、背诵名家名篇和外国朋友交流等，都是练习口语的好机会。学生有了这个意识，才能够把握练习口语的机会。

中国学生大都羞于开口说英语，怕丢面子，怕说错。这种心理的形成有中国文化习俗的原因，也有中国英语教学体制的原因等。无论如何，教师应首先鼓励学生开口，逐步培养其讲英语的习惯，另外，还要使学生明白口语语体和书面语体的特点与差异，使他们知道口语语言灵活多样，不管是中国人还是外国人，其口语都会出现这样或那样的错误，讲口语出点错是正常现象。只有学生养成了开口讲英语的良好习惯，才会逐渐克服练习口语时的不良心理状态，其口语技能才会大大提高。①

第四节　多媒体在大学英语视听说教学中的创新与应用

多媒体教学是指在教学过程中，根据教学目标和教学对象的特点，通过教学设计，合理选择和运用现代教学媒体，并与传统教学手段有机组合，共同参与教学全过程，以多种媒体信息作用于学生，形成合理的教学过程结构，达到最优化的教学效果。随着现代化科学技术的不断发展，多媒体技术在大学英语听力教学中的应用越来越广泛。

一、教学改革的目的与背景

在教育领域，衡量、评估教学水平与质量的一个重要标准就是计算机等现代科学技术的应用水平。其中，利用多媒体技术提高课堂效率和教学质量是当今教学改革的核心工作。多媒体技术具有多维性、集成性和交互性的特点，将其运用于大学英语视听说教学比传统的教学媒体，如粉笔、黑板、图片、录音机等，有着无法比拟的优越性。从信息传播角度看，它通过多媒体传播信息，以调动人们的视、听、说等感官，加深人们对信息的理解。从认知心理学角度看，它传送的信息将更有利于人们对概念的认识、认知结构的形成与迁移。从大学英语教学的角度看，多媒体教学使学生在听到声音的同时，看到相关的真实视频画面，实现视、听同步，激发说的欲望，从而大大激发学生学习语言的兴趣。

在改变传统听力教学模式、建立视、听、说三合一的有效教学模式、创造良好的课堂氛围方面，大学英语多媒体教学有着突出的优越性。

第一，多媒体教学信息容量大，节奏转换快，教学效率高。在传统的听力教学中，教师在播放录音时往往在找磁带、倒磁带等方面花去很多时间。利用多媒体教学信息容量大、图文结合的特性，提供给学生形象的知识链接。此外，传统听力教学在答案的核对与补充材料的提供方面效率也都很低，这导致学生在课堂上得到的信息很有限，也得不到足够的感官刺激。使用多媒体教学，教师可以在课件上准备大量的文字、图

---

① 宫玉娟.大学英语教学模式改革创新研究［M］.长春：吉林出版集团股份有限公司，2018.

片和视频图像材料，播放录音效率也非常高。通过视频，学生可以在听到录音的同时看到恰当的文字材料和大量图片信息背景资料，有时还能欣赏到优美的音乐和画面，从而获得充足的感官刺激，激发其学习情趣，提高课堂教学效率。多媒体教学使整个教学环节高效多元化，教学效果大大提高。

第二，多媒体教学有利于学生对语言的接受和对文化背景知识的理解。大学英语听力课堂教学主要依据教材和传统的媒体授课，对于录音中遇到的语言问题教师只能口头讲解，时间一长，学生熟悉了教师的语调和单一的授课方式，就会在心理上产生单调的感觉。这不仅使学生在听录音方面减少了动力，对录音材料的理解也增加了困难，最终对教学效果产生不利影响。目前，具有模拟真实语言环境功能的多媒体语言学习系统在国内高校还可望而不可及，但是可以利用现有资源和技术设备，自制课件，以图、文、声、视频多维地呈现教学内容，改进课堂教学效果。自制课件可以融入许多背景文字材料、图像资料、录像资料，形象生动、一目了然，具有非常强的感染力，学生通过这样的媒介能够深化对目标国家文化背景知识的理解，加强对该国历史、政治、人物、传统与习俗文化知识的感受，丰富其感性认识，从而顺利完成从具体形象思维向抽象逻辑思维的过渡。

第三，多媒体教学有助于提高课堂教学效率，使学生有更多机会投入整个教学环节，从而有利于语言的运用和实践。目前的听力课课时少、任务重，课堂上主要以放录音和核对答案为主，长此以往，学生的积极性会打折扣，课堂语言实践的机会也会减少。利用多媒体技术，自制教学课件，不仅可以提高课堂教学效率，更重要的是可以增加学生使用语言的机会，如图片、录像和 MTV 都可以激发学生说的欲望。我们注意到：由于有了图片、录像等的辅助，学生在听录音时注意力明显集中；画面的非语言信息帮助了学生的听力理解，增强了学生对语境和语言交际的感性认识；课件提供的大量媒体材料创造了有意义的语言运用操练机会，学生在反复操练中不断提高语言运用能力，并能做出及时反馈，从而使学生的自主学习角色得到良好的培养。

目前，各个学校都建有语音实验室，但是能用作多媒体教学的语音实验室并不多，而且，这些为数不多的语音实验室也尚未得到充分利用，充其量只是起到高级录放机的作用。大学英语视听说多媒体教学模式的教学改革，目的在于调动教师运用和制作多媒体课件的意识，并在目前有限的客观条件下，在有限的范围内，充分利用计算机教学软件和各种音、视频立体呈现教学内容，激发学生的学习热情，改"高级录音机教学模式"为"多体裁的视听说多媒体教学模式"，为将来多媒体教学的全面开展进行前期实践探索与理论研究。

二、教学改革的执行情况和成果

教学改革开始运行后，多媒体教学课题组在全国范围内开展的一项调查结果发现：开展多媒体教学的学校不少，有的学校的外语系还成立了多媒体教研室，专门开展这方面的研究，但是都没有在听力课上进行视听说多媒体教学实践和研究。他们主要采用公开出版的大学英语精读课件，围绕精读课进行多媒体教学，而对课件的制作和听力课堂模式的研究不多。随后，我们通过上海外院《外国语》编辑部进一步调查，结果完全一样。调查表明，大学英语听力课引入多媒体在我国还是一个空白，这意味着，我们的教学改革只能自己动手，从头做起，在不断实践中摸索和研究适合大学英语实际情况的视听说多媒体教学模式。

教学改革能够进入教学实践环节的关键是课件的制作。没有课件，整个教学改革就无法进行。自制的视听说多媒体教学课件要生动活泼，适合视听说课堂教学的顺利开展，这一点非常重要，因为自制教学课件是日后全面利用多媒体技术、普及多媒体教学的基础。

我们制作课件选用的是简单易学、适用面广的 PowerPoint 软件，以便日后自制课件，广泛开展多媒体教学。同时，我们对该软件进行了比较深入的研究和实际操作训练，总结发掘出许多实用功能，将该软件的功能发挥到了极致。我们发现，公开出版发行的听说多媒体学习光盘在课堂教学方面存在很大的局限性，并不适合用于教学实践。

第一，商业多媒体学习光盘是以辅导学生的学习为目的，不是教学用多媒体课件。它们往往是教材的全盘复制，即将课本搬到了电脑上，画面单调，缺少生动活泼的图片，视频材料较少，很多与课本的主题没有多大关系，而且画面质量和难易程度都把握得不准确，而在课堂上有教师的引导和讲解，需要的是简单明了、重点突出、生动活泼的课件。

第二，商业学习光盘画面单调，往往以文字为主，附带一些与主题无关的图片和影视片段，缺乏多媒体视觉、听觉等充足的感官刺激。而自制多媒体教学课件可以避免上述缺点，切合课堂教学实际，真正起到多媒体辅助教学的作用。

视听说多媒体课件的制作远比普通的多媒体课件制作复杂，因为这样的课件要求非常高，不仅需要文字材料，还需要大量的和每个单元内容主题一致的图片、影像资料、听力课本录音、音乐媒体、动画、英文 MTV。要从浩如烟海的多媒体材料中找到合适的可用之材，可谓百里甚至千里挑一。而且，要满足连续的教学实践需要，课件制作的任务是相当繁重的，如果交给出版单位完成，必须组织专业队伍，花费巨资。视听说多媒体课件做到了以学生为中心，在了解学生学习英语的信念、条件、兴趣和策略的基础上，关注他们在学习过程中的困难和需求，并以此为目标，从多维角度加强对学生薄弱环节的语言输入。

如此繁重的任务是我们课题组面临的教学改革的第一道关卡，经过努力，我们完成了一个学年教学实践的课件制作，在课件的画面设计及各类素材的组织安排上达到了很好的效果。原教材的设计是以主题为框架的，具有"主题性"的结构特征。听力对话和短文里面都有具体的情节和人物，配套或附加的材料也紧紧围绕主题进行。我们的课件以"主题性"为基础，图片、录音、视频影像、动画等都和主题、具体情节、具体任务紧密相关。依据这样的思路，制作的课件就像一部电视连续剧，一课一集，每一课开头都设计有与主题有关的绘声绘色、生动活泼的开场前奏，并配有主题背景音乐、图片和动画，而且每课各异，没有重复。进入课件主题教学内容后，根据情节，配有和主题、情节、人物一致的图片、听力录音、背景知识，最后还有影视短片、英文 MTV 等丰富多彩的媒体材料。在课堂教学实践中，学生得到了充足的感观刺激，积极性和投入度大大增强，教学效果明显提高。

在制作课件之前，我们首先确立了指导思想和教学重点。我们认为，大学英语听力课是大学英语整个教学的一个组成部分，它在课时、技能要求、指导思想等方面都受到现行大纲的影响与制约。随着大学英语教育的不断发展，我国大学英语呈现出新的发展趋势。学生"说"的能力会越来越受到重视。因此，我们以现行大纲为基础，结合大学英语的实际情况以增强教学改革的可行性及将来的可普及性，在原有听力课的基础上，引入"说"的技能的培养，通过利用多媒体，从视觉、听觉和口头表达角度入手，改进课堂教学模式和效果，提高教学质量。我们制定的《大学英语视听说多媒体教学大纲》以全国统一的教学大纲为基础，融入了我们对多媒体教学的观点和多媒体教学在听说课中的作用。该《大纲》文字虽然不多，但浓缩了其基本指导思想的精华，为今后全面开展视听说多媒体教学提供了一定的理论参考。[①]

新的《课程教学要求》是教学指导思想的浓缩与指导，那么备课就是实施教学思想的关键步骤。在制作课件的同时，我们针对教学改革课程的特点制定了基本授课步骤。在完成常规听力部分的同时，我们结合课本内容，由图片、声像素材作为引导，专门开辟了学生练习"说"的环节。由于整个教学活动围绕主题进行，学生往往有话要说、有话想说，改变了以往漫无边际地说和学生被动接受的局面。备课教案的编写使整个课堂教学具体化和条理化，为顺利完成教学改革任务奠定了基础，为授课做好了准备。

为了使教学改革的课堂教学更具可行性和指导性，为日后的听、说教学提供切实可行的参考和指导，在教材选择上，我们选用本学院使用的新教材《全新版大学英语听说教程》。该教材注重学生应用能力的培养，听、说并重，全面培养学生"听"的能力和口头表达能力。不仅如此，该教材始终以语篇训练为主线，从一开始就培养学生在听的过程中先抓中心思想后抓要点，并要求其养成习惯，帮助学生增强在语篇水平上的理解能力，提高他们对听力材料的分析、归纳、判断和推理能力。因此，我们在教材的选择上，不仅达到了预期的目的，而且没有脱离常规教学，具有可行性和一定的现实指导意义。

三、视听说多媒体教学的优越性和局限性

在大学英语视听说多媒体教学模式所需的课件、大纲、教案、教材等前期准备工作完成后，我们按照原计划确定了多媒体教学改革课堂实践环节的教师，在其任教的班级进行广泛试点，进行课堂效果调研和跟踪调研，询问和了解学生对授课方式和效果的建议和意见，然后总结反馈意见，积累教学经验。人类历史上的"四次教育革命"都是伴随着教学媒体的变革而产生的，现代媒体技术（如广播、电视、计算机、多媒

---

① 孔丽芳．大学英语课堂教学艺术与应用实践［M］．北京：九州出版社，2018.

体技术）则已使教育信息传播过程、教学内容甚至教学理论发生了革命性的改变。在教学实验中，各种素材各显其能，使课堂气氛非常活跃，增强了学生的学习兴趣，提高了教学效率。如我们所预料的那样，学生对此教学模式反映很好，他们希望此教学模式能全面开展起来，并且能长期进行。学生对课件的制作水平在给予充分肯定的同时还提出了自己的建议和更高的要求：如果能用 Flash 制作课件效果会更好，设法让图片等素材都能动起来会更加形象生动等。

面对学生的期望，我们感到很惭愧，因为第一，我们还不具备制作 Flash 的技术水平。第二，我们没有充足的资金和有力的技术支持。运用多媒体教学技术是当今和将来教学方法改革方向的衡量标准，由此我们应感到大学英语教学改革任重道远。完成这样的任务不仅需要各方面的大力支持和正确引导，还需要广大教师解放思想，为多媒体教学贡献一份自己的力量。

视听说多媒体教学改革实验活动在笔者所在学校进行了两个学期，为期一年。在所实验的班级里，学生的学习兴趣明显增强，积极的学习动机非常明显。一年的教学实践证明，学生对视听说多媒体教学非常满意，课堂学习气氛活泼融洽，取得了良好的效果。

任何事物都有两面性。尽管多媒体教学的优越性无与伦比，在教学实践中，我们还是发现了一些局限性。第一，多媒体教学向教师提出了严峻的挑战。进行多媒体教学，首先面临的问题就是计算机操作和课件操作的培训，进行计算机和软件操作"扫盲运动"。教师是整个教学计划的最终执行人，如果他们的实际操作水平很差或不一致，多媒体教学将无法开展，更谈不上普及与深化。只有能够熟练应用计算机技术，多媒体课件的真正功能才能发挥出来。

此外，从更高的角度来看，多媒体并不是教师的替代品，教师不能仅仅充当机器和软件的操作者。多媒体教学有利于教师自身素质的提高，但是要有效利用多媒体教学，教师必须学习计算机辅助教学理论知识和教育理论知识，学会自己动手制作切合实际的教学课件。目前这已成为制约多媒体教学的一个重要因素。

第二，计算机多媒体技术功能强大，但是造价很高，需要大量资金投入建设才能开展起来。目前我们所面临的大学英语精读课非常缺乏现代先进科学技术的成分，听说课的语音实验室大部分还只是放录音，学生用耳机听，没有实现真正的多媒体教学。

一般认为，多媒体技术是以计算机为核心，对文本、图像、声音、动画和视频等媒体元素进行综合处理的技术。计算机能对多媒体元素进行综合处理，创造图文并茂、形声俱佳、形象生动的教学情景，能大大激发学习者的学习兴趣，吸引其注意力，提高其学习主动性，从而在乐学中提高学习效率。学校为大学英语教学修建的多个多媒体语言实验室，由于教师不会操作，没有可运用的课件，功能也没有发挥出来。另外，目前能用作进行多媒体教学的实验室还非常有限，根本无法满足日常的教学需求，普及也就无从谈起。

第三，通过这次教学实践我们认识到，课件的制作非常关键，没有它，多媒体教学就无法开展。但是由于它耗时耗力，没有足够的资金投入和具有计算机辅助教学技术的教师参与，根本无法完成整个教材的课件制作任务。目前的课件仅仅是满足了多媒体教学实践的需求，可以在某个教学阶段运用，如果要在教学中普及，需进一步完成全部课件的制作，而要达到这样的目标还需要更多的资金和大量人力的投入。

第五节　提高大学生英语听说能力的有效途径

一、循序渐进、提高学生的听说兴趣

学习兴趣是推动学习的有效动力，是学习动机中最现实、最活跃的心理因素，在教学中培养和提高学生学习英语的兴趣是至关重要的。许多学生在进入大学以前都未曾受过专门的听说训练。进入大学后刚接触听说课时产生畏惧心理，甚至失去学习兴趣。因此，教师就要起到"穿针引线"的作用。在课堂上，教师要告诉学生，英语并非我们的母语，所以某些地方听不懂或者说错是很正常的现象，慢慢练习就会进步。同时，还要告诉他们要以正确的心态来面对课堂练习，不要感到不好意思或者认为老师在为难他们。教师的态度要温和而真诚，要尊重每一个学生。在大学英语听说教学中，老师要从学生的实际水平出发，循序渐进地选择听力教材，采取稳中求实的原则，努力创造一种轻松和谐的课堂氛围，减少学生在听音时的不安和心理压力。教师在学期开始时就让学生清楚地了解本课程的教学目的、要求，教学安排和形式，还可以以不计名问卷调查的形式向学生征求建议，鼓励他们参与到课堂设计中来。因此老师应该针对学生希望提高听说能力的愿望，但又好奇、紧张、容易气馁的心理，精心地去设计每一堂课，选取难度适宜又实用的听力材料，在教学活动中营造情景交融、轻松愉快的课堂气氛，激发他们的兴趣和求知欲。课堂上除了听力理解的书面练习外，还应该适当增加口语练习，这样做既可以活跃课堂气氛，又可以提高学生的学习兴趣，增强教学效果。

二、引导学生积极参与课堂讨论

课堂讨论是培养学生英语交际能力的一种很好的形式。只有让学生全面参与学习过程的讨论，学生的听说能力才能得到充分的训练。特别是学生之间、师生之间的开放性讨论，这不仅能提高学生说的胆量、说的欲望、说的能力，使学生说得准确、流利、生动，而且能提高学生的思维能力，提高学生用英语进行交流的兴趣。

语言不是教会的，而是学会的。大学教师的任务不仅是要完成教学任务，更要逐步培养学生的自主学习能力，使他们逐步走向自学之路。况且英语是一门实践性很强的课程，因此，在大学英语听说教学中应以学生为中心，这是一种全新的教学指导思想，它能有效地避免教师的"填鸭式"教学。在课堂上，教师应该调动学生的主观能动性，把说的机会留给学生，促进其口语能力的提高。这样的教学虽然使教师退到后台，但并不意味着抹杀教师的作用；相反，教师的作用更加重要了。因为在听说课中，教师始终起着"导演"的作用：帮助学生明确口语教学的交际任务和目的，指导学生选择口语活动的形式，如角色扮演、分组讨论等。在这一过程中教师不仅是管理者，还是参与者，教师能够保证课堂活动的顺利进行。①

三、丰富教学方法，提高学生的学习兴趣

教师应尽力采用多种方法让学生在课上练习说英语，这一点很重要。除了让学生课堂讨论之外，还可以采用下列方法训练学生说的能力：

（1）故事复述：让学生复述他们所读到、看到和听到的故事。教师也可以每节课抽出一点时间给学生讲一个长度、难度适中的故事或者一个英文笑话，然后让某个学生进行复述，同时让其他学生补充，直至把故事补充完整。

（2）讲故事：让学生用正确的英语语音语调讲故事，并根据情节做出手势和表情。教师也为学生提供情节和人物，让他们即兴编故事，以培养他们随机应变的能力。

（3）角色扮演：让学生通过角色扮演来练习情景对话。例如，在诊所、在车站、在邮局、在餐馆、在商店等。这种练习有助于学生在现实生活中灵活运用英语。

（4）短剧表演：学生以小组为单位集体创作剧本，然后编排表演，课堂表演时间限制在 8 ~ 10 分钟。通过背诵大量台词和反复多次地排练，强化学生的记忆，很多英语句子都能做到脱口而出，同时这种兴趣大大激发了学生的求知欲。

（5）唱英文歌曲：让学生学唱英文歌曲，以此来纠正学生的发音。这种活动可以调动大多数学生参与的积极性，而且能收到寓教于乐的效果。教唱英文歌曲是英语教师的一项重要的职业技能。利用唱歌来教英语是一种很好的教学方法。根据教学内容巧妙地利用英语歌曲来进行英语教学，既可以活跃课堂气氛、减轻疲劳、消除紧张、激发学生的兴趣，又可以培养语感、陶冶情操、提高学习效率和口语流利程度，还有利于营造一种轻松自如、快乐学习的氛围。

（6）看英文电影：电影的表现形式之一就是语言，让学生在看英文电影的过程中学习日常用语，锻炼听力，同时还能了解国外的文化。

四、模仿—复述—创造，逐步提高听说能力

（1）模仿。模仿的第一步是模仿语音。模仿时要一板一眼，口形要正确。刚开始模仿时，速度不要过快，用慢速模仿，以便把音发到位，待把音发准了以后，再加快速度，用正常语速反复练几遍，直至达到脱口而出的效果。第二步便是要模仿地道的英语表达法。模仿要大声。练习里的简单错误不要急于纠正，不要过分注重正确性，

① 王瑞.大学英语听力教学理论与实践［M］.长春：吉林出版集团股份有限公司，2009.

以着重培养说话的流利程度为目的；练习里词不达意的错误要纠正，以提高说话的质量。通过模仿来提高交际能力，就是在听力课中不断地让学生进行模仿语音、模仿句子、模仿对话及语段的练习。一方面引导学生注意正确的语音语调，另一方面帮助学生建立正确的图式以促进新旧知识的迁移。

（2）复述。要求复述者对文章大意准确理解、清楚表达，不要求逐字逐词地背诵。在有技巧地做好笔记和理解的基础上，用自己的语言重新组织、表达出来。这种方法既练听力，又练口语表达能力。学生通过听力练习，接触大量的语言之后，便可进行口语能力的训练。口头总结其大意，或者复述原材料内容，最后达到能用自己的话去描述原材料内容的效果。在语义通顺、没有语法错误的前提下，复述有越来越大的灵活性，如改变句子结构，转换表达方法，用自己记忆库里的词汇和句型来替换一些不常使用或难于理解的东西。

（3）大胆地练习、创造。因不够自信而拒绝使用英语是我们国家外语学习者学习外语时普遍存在的现象，同时由于外语不是交际中必需的手段，从而大大削减了学习者使用英语交际的欲望。实际上流利的口语是在不断出错的过程中练出来的。练口语时应该积极主动、大胆，克服害羞心理。学生应该积极主动地寻找语言环境，利用一切可利用的机会去会话。例如，学生可以在自己的房间里大胆地说，可以在散步时描述一下天气，说说家庭、业余爱好等。

五、开展好英语课外活动

我们除了平时抓好课堂45分钟教学之外，还应开展一些丰富多彩的课外活动。这不仅能帮助学生加深、巩固、理解课堂所学知识，还能拓宽学生视野，给他们提供一个生动有趣、形式多样的语言环境，享受学英语的乐趣，达到学以致用的目的。英语课外活动作为课堂教学的辅助形式，要与课堂教学实际紧密相关，但不是课堂教学的简单重复，而是课堂教学的延伸与拓展，是学生锻炼和提高英语听说能力的第二课堂。因此，在安排英语课外活动时，必须要考虑学生的年龄特点和英语知识水平，选用切实可行的方法与形式开展有利于培养学生听说能力的各项趣味活动。

（1）英语辩论演讲比赛。这是较高层次的培养学生听说能力的方法。比赛前事先确定辩题，指定正、反方辩手，利用足够的时间来进行材料准备。在辩论演讲时，学生需要具有良好的听力和口语表达能力，且头脑清醒、反应迅速，能够随时回答对方辩友提出的问题。这样能使学生英语听说能力得到最大限度的发挥。

（2）英语朗读比赛。朗读的内容可以是学过的课文，也可以是课外读物。要求学生按一定的语音规则去朗读。通过这样的活动可以有效地纠正学生不正确的发音习惯，达到提高英语听说能力的目的。

总之，英语交际能力的提高是一个循序渐进的过程。靠平时多听多练，日积月累，才能有所提高。随着经济社会的发展和全球经济一体化的加剧，英语学习已成为我们生活中必不可少的一部分。作为当代大学生，更应该注重自己英语交际水平的提高，只有这样才能更好地适应社会，从而在社会中站稳脚，获得更大的发展空间。

第六章　大学英语写作教学理论实践

英语写作是英语综合应用能力的体现，它全面反映了学生对英语的掌握程度。换言之，写作是一种综合性的技能，与听、说、读、译的能力有着密切的联系，它以这四种能力为基础，相互促进、相互依存。学生写作水平如何，取决于其他层次能力的支撑，而写作水平的提高会促进学生英语水平的提高。从另一个角度审视，写作和说一样，都是语言的产出性技能。所谓产出性意味着学生不仅要能被动地接受与识别语言，还要主动地掌握表达思想感情的词汇，具有熟练应用语法知识、自由组词造句的能力以及谋篇成文的技能。由于英语写作在全球化步伐不断加快的人类社会生活中占有极其重要的地位，因此英语写作在整个英语教学课程中显得格外重要。总之，英语写作是英语教学中的一个涉及面很广的重要部分，在教学实践中，教师应时常引导学生进行认真和严格的写作基本功训练，引导学生平时多读、多观察、多思考、多写、多练。

第一节　句子写作

句子是能够表达完整意义的最小的语言单位。句子的写作是段落和篇章写作的基础，因为任何文章都是由若干句子组成的，句子写作的好坏会直接影响段落与篇章的质量。因此，我们讨论英文写作时，首先可以从句子的写作入手。

写作教学中的句子写作要旨其实是句子写作需要遵循的原则和写作规律，在教学过程中，应对此充分重视。

句子写作看似简单，但如果没有经过严格训练，或者过于随意，写出来的句子很有可能令人费解，还会出现中文式思维和表达。因此，在写作教学中，教师应要求学生从语法规则和基本词汇的用法上多下功夫，打好语言基础，着力培养学生写出正确的、地道的和具有表现力的句子。

一、准确用词

在写作教学过程中，教师应首先注意教会学生如何准确用词。写作时准确用词能起到准确表达思想及语言规范的积极作用。否则，就会出现概念不清、语言不规范等错误，段落与篇章也难以形成，即便拼凑成文，也会在逻辑与语义等方面错误百出，影响交际。所以说，写作时准确用词能起到准确表达思想及语言规范的积极作用。例如：

例 1：How you behave at dinner will <u>expose</u> the kind of person you are.

例 2：During the dinner，don't forget to <u>speak</u> some interesting things in a friendly way with others.

解析：上例引自学生习作，画线单词所表现出的用词失范非常典型。显然，例 1 中"expose"一词运用不当。该词义为"暴露，显露"（如 Do not expose it to the sun）或"揭示，揭露"，如 He exposed the plan to the police。由于学生只知中文意思而不顾英语惯用法，所以该词的使用显然不妥，应用 reveal 或 show 替换。在例 2 中，"speak"一词表示"说某种语言"，且后面常跟 English、French、Chinese 等表示语言的词。此外，它还做不及物动词使用。例 2 中使用"speak"不妥当，应改为 say。此外，some 和 things 合并为 something，interesting 置于其后则更为准确，更为符合英语习惯。

由此可见，在写作教学中，应当教会学生写作时斟酌用词，尤其要引导他们在基本词汇的用法方面多下功夫。此外，还应注意勤总结基本词汇的同义词和近义词的使用范围和方法，以及基本词汇的搭配方式及惯用法，帮助学生养成多积累的好习惯，避免用中文词义套用英语词汇。只有这样，学生才能不断丰富自己的词汇，学会准确用词的方法，写出正确的英语句子，教师也才能取得写作教学的成功。[①]

二、恰当交叉运用普通词汇和具体词汇

普通词汇和具体词汇具有各自不同的作用与特点。普通词汇用于文章的开头和摘要，可以使文章短小精悍、通俗易懂；用于段落的主题句及结论句时，可以对段落进行高度概括。具体词汇主要用于段落的发展句等需要详细论述的地方，以使句子生动、有感染力。写作时，只有恰当地交叉运用才能发挥其作用。如果使用不当或随意用一个笼统的词来描绘一个具体事物，就会因句子信息量不足而给人模糊不清的感觉，使文章笼统、空洞。而过多地使用具体词汇则会导致句子冗长累赘，或使文章、段落缺少层次。

目前，学生在写作中能"产出性"运用的词汇大约只有 1500 个，其中大多是概括性词汇，或称"普通词汇"，缺乏确切的具体词汇，句子缺乏生动性与表现力。由此看来，在写作教学中，培养学生灵活恰当地交叉运用普通词汇和具体词汇的能力，是句子写作的一项重要任务。

普通词汇（General Words）是指具有概括性的一般常用词。这些词用以表达基本的概念、动作等。与其相反，具体词汇（Specific Words）可以对某一动作、人物或事

---

①　李焱. 大学英语课堂教学的理论与实践探索［M］. 北京：光明日报出版社，2018.

物主动逼真地进行详细描述，使句子意思明确具体，如表 6-1 所示。

表 6-1　普通词汇和具体词汇

普通词汇	具体词汇
beautiful（美丽的）	pretty（漂亮的），good-looking（好看的），sweet（讨人喜欢的），pleasing（令人喜欢的），attractive（诱人的），charming（迷人的），graceful（优美的）
friend（朋友）	companion（同伴），crony（密友），chum（好朋友），acquaintance（熟人），intimate（知己）
walk（走）	stride（大步走），strut（大摇大摆地走），totter（蹒跚），shuffle（拖拖拉拉地走），limp（跛行），stroll（闲逛）

从表 6-1 可以看出普通词汇和具体词汇具有各自不同的作用和特点。普通词汇抽象概括，具体词汇形象生动、栩栩如生。写作时，只有恰当地交叉运用才能够发挥出其作用，否则就会适得其反。

三、句子的统一性

句子的统一性（又称"单一性"）指的是一个句子只能表达一个思想，而那些关系不密切的内容不应放在同一句内。要使我们所写的每一个句子都能保持统一性，并不是指我们一定要写短句。相反，长而复杂的句子只要各个成分和修饰语之间关系紧密，并且意思完整、统一，照样符合句子统一性原则。

为保持该句子的统一性，应注意以下两点：

第一，坚持每句话只确立一个中心思想的原则，把相关的次要语义成分改为从属句或分句短语等其他适当形式，把不相关的语义成分分开各自成句。

例 1：I was walking in the park yesterday morning, and saw a snake.

此句结构松散，中心思想不明确，前后两部分含义独立，相互之间的关系不够密切，缺乏统一性。如果将此句改为：

Yesterday morning, while I was walking in the park, I saw a snake.

如此修改，词句重点突出明确、主次分明，使读者一目了然。

例 2：Born in a small town in South China in 1937, he grew up to be a musician.

此句过去分词短语和主句的含义不相关，分别属于不同的两个概念，因此缺乏统一性。此句应改为：

He was born in a small town in South China in 1937. He finally became a musician.

第二，如果一个句子太长或负载太重，就该把某些重要的细节放到不同的句子中去表达，而次要的细节应该删去，否则就会影响中心内容的表达，给人以喧宾夺主之感。

例 1：In 1788, when Andrew Jackson, then a young man of twenty one years who had been living in the Carolinas, still a virgin country, came into Tennessee, a turbulent place of unknown opportunities, to enforce the law as the new prosecuting attorney.he had the qualifications that would make him equal to the task.

此句用逗号过多，又附加了许多细节，结果也影响了句子的中心思想，显得冗长而又累赘。如果删除不必要的语义成分，略加改动就显得恰当了。

In 1788, when Andrew Jackson, came into Tennessee as the new prosecuting attorney, he had the necessary qualifications for the task.

例 2：The vessel made for the shore, and the passengers soon crowded into the boats, and the beach was reached in safety, where the inhabitants of the island received them with the utmost kindness.

此句中的"and"把几个各有不同主语的分句勉强地连接在一起，造成句子概念模糊、意思混乱。通过分析，此句真正的主语显然是"the passengers"。按照此线索可以将此句改为：

The vessel having made for the shore, the passengers soon crowded into the boats, and safely reached the beach, where they were received with the utmost kindness by the inhabitants of the island.

综上所述，句子不论长短，其各个组成部分都是在为一个中心思想服务，句子中任何一个从句、短语或一个词，都应在自己合适的位置上。要想清晰和主次分明地表达思想就应该遵循句子的统一性，只有这样才能写出完美统一的句子来。

四、句子的平行性

句子的平行性指的是运用相同的词类、结构使两个或两个以上的句子成分达到同一种功能，或一个句子在重复使用时表现为形式与作用方面的对称。平行结构可使句子自然平稳、句义清楚、语义贯通和音调和谐。反之，就会破坏结构对称，使句子生硬别扭。以下将通过对比方式来体验句子平行性的重要性。

例 1：When I was young, I liked to swim, playing tennis, and riding.

此句的三个动词宾语的形式不一致：to swim, playing, riding。其中，to swim 和其他两个并列产生结构失衡。因此，此句结构应当做如下调整：

When I was young, I liked swimming, playing tennis, and riding.

例 2：She is intelligent, outgoing, and she likes to help people.

此句结构不平行的原因在于分句 she likes to help people 与前面的 intelligent 和 outgoing 不协调，破坏了句子的平行性。很简单，此句应当用三个形容词形成平行结构，如：

She is intelligent, outgoing, and helpful.

例 3：We judge our friends both by what they say and actions.

此句中 both...and 所连接的成分不一致，what they say 和 actions 不能形成平行结构，因此应适当调整，如：

We judge our friends both by their words and by their actions.

或者改为：

We judge our friends both by what they say and by how they act.

例 4：Late for school，Ruth dressed hastily—and in a careless way.

至此，应当很容易分析出句子的问题所在了，即 hastily 和 in a careless way 这两个起状语作用的成分不同类，因此必须进行调整，如：

Late for school，Ruth dressed hastily and carelessly.

五、句子的多样性

所谓句子的多样性并不是指对单个句子的要求，而是指当一连串句子出现时，句式要富有变化。变化句式可以使内容生动和充满活力，也有助于强调重要的观点。如果在一个段落或一篇短文中，句子都是同样的语法结构或同样的长度，便会显得单调乏味，影响文章的总体效果。例如：

They were waiting for the meeting to begin.They talked with each other. They talked about the women's volleyball team.The team had won victories in Tokyo.

显然，此段落平淡枯燥，句间无内在联系，缺乏正常的表现力和感染力。如果遵循句子多样性的原则，将各句之间适当地连接起来，那么此语段的表现力就会得到根本改善，例如：

While waiting for the meeting to begin，they talked about the victories won by the women's volleyball team in Tokyo.

需要注意的是，句式变化绝不仅仅是简单地将单句连接变成长句，而是要分析句间关系，选用最佳方法，使文章句式灵活多样、生动活泼，下文将探讨常用的句式变化方式。

（1）用从属句或分词形式使次要思想从属于主要思想。

例 1：We went on a picnic. It rained.

连接以上两句有以下两种变化形式：

As soon as we went on a picnic it rained.

After it rained，we went on a picnic.

变化句式的选择是灵活多样的，但应当根据表达意图恰当选用。

例 2：He saw an old woman get on the bus. He quickly stood up to offer her the seat.

根据句意，上句可做以下连接变化：

Seeing an old woman get on the bus，he quickly stood up to offer her the seat.

（2）用并列句将内容彼此相关的思想连接起来。

例 1：The truck was heavy. I managed to get it upstairs by myself.

根据句间关系可以推断出作者要表达的意思，因此可以用"but"来连接这两句，表达意思的转折：

The truck was heavy，but I managed to get it upstairs by myself.

例 2：The truck was heavy. I was not very strong.

此例的两个短句有些零碎，可以用"and"连接起来：

The truck was heavy and I was not very strong.

（3）用复合法连接主语和动词来改进句子。

例 1：*The Adventure of Huckleberry Finn* is a favorite book of mine，*Life on the Mississippi* is another.

同一件事情可以综合成一句话，这样会显得紧凑。

The Adventure of Huckleberry Finn and *Life on the Mississippi* are favorite books of mine.

例 2：Barbara played in the orchestra during the music festival. She also sang with the chorus.

同样，这两句相互顺序关联的话语用连词 "and" 连接起来较为自然通顺，同时也可将时间状语前置以表明强调。

During the music festival，Barbara played in the orchestra and sang with the chorus.

（4）用同位语或同位语从句改进句子。

例 1：Three nations especially have contributed to the great music of the world.They are Germany，Austria，and Italy.

此例显然较为重复与累赘，如果去掉 "they are"，将其表语置于 "nations" 之后做同位语，该句会立刻清晰明确，如：

Three nations，especially Germany，Austria，and Italy，have contributed to the great music.

例 2：He feared that he might not be able to finish the work.The fear disturbed him greatly.

同理，两个 "fear" 所构成的内容较为松散，结构也不紧凑。如果用同位语从句将 "fear" 后的内容合并起来就会效果大增，如：

The fear that he might not be able to finish the work disturbed him greatly.

例 3：The young man was all Italian. He was the son of all exiled count.

The young mall was an Italian，the son of an exiled count.

（5）副词、介词短语、不定式短语、分词短语或从句置于句首来改进句子。

例 1： He became a general of the Red Army at 29，having distinguished himself in action.

将起状语作用的词语置于句首使句子自然流畅。

At 29，having distinguished himself in action，he became a general of the Red Army at 29.

例 2：The time for decision had finally come.

将 finally 前置，突出了其意义表达，文体效果突出。

Finally，the time for decision had come.

（6）避免句子 "头重脚轻"，使其平稳自然。

例 1：That they will meet the year's production target two months ahead of time is very likely.

在英语句法结构中最忌讳的就是主语太长，即所谓的"头重脚轻"。通常，在此情况下用形式主语来代替真实主语，以使句子平稳自然，如：

It is very likely that they will meet the year's production target two months ahead of time.

例 2：His spectacles, an English dictionary, a cup of tea, books, and notes lay on the small desk.

有时为避免句子"头重脚轻"，常用形式主语代替主语从句，形式主语放于句首，真正的主语置于句末。此句主语冗长累赘，因此要采用倒装句的形式，将主语后置、介词短语前置，立刻就使句子站稳了脚跟：

On the small desk lay his spectacles, books, notes, an English dictionary and a cup of tea.

此句的修改还有一个细节特征，即不仅改变了介词短语的位置，而且还将真实主语中的列举物品根据字母的多少排了顺序，字母少的单词前置、字母多的单词后置。

六、句子的简洁性

所谓简洁，就是语言凝练概括、简明扼要。也就是说，用较少的语言尽可能表达丰富的内容。在不影响准确、清晰表达的前提下，句子能简化的部分尽量简化、能省略的尽量省略。用精练的语言表达丰富的思想，使人们要表达的深层语义明白流畅、一目了然。在此，仅就简洁而言，应牢记莎翁的名言：Brevity is the soul of wit.（言以简洁为贵。）

英语句子讲究清楚简洁，避免重复累赘。在写作教学中，教师应引导学生准确与简洁地用词，力求通俗顺达、简洁明了。

行文简洁的主要方法有删除法与省略法、替代法、转换法和合并法四种方式。关于第一种方法，即删除法与省略法，指删除逻辑语义重复的句子成分、赘语和重复词语，或者省略语法允许的词语。[①]

例 1：Whenever he returns back to home, he continues his reading.

例 2：The fact that we have received our diplomas indicates progress.

例 3：He gave us a vivid accounts of the living conditions of the poor people of that country.

仔细分析上述例句之后就会发现，例 1 中的"back to"和"return"逻辑语义重复，应删除其中之一；例 2 中的主语累赘，如果删除"The fact"和"that we have received"其中之一就会简洁明了；例 3 中的介词"of"出现了三次，显得累赘，因此应删除后两个"of"，改为：He gave us a vivid accounts of the poor people's living conditions in that country.

---

① 孔丽芳.大学英语课堂教学艺术与应用实践［M］.北京：九州出版社，2018.

替代法指采用以少替多的方式，用单个词来替代赘语或较长的表达方式，或者用词或短语（分词、不定式、介词、同位语、名词、动名词短语等）替代从句，如状语从句、定语从句、名词性从句。

例 1：The house is at the next corner，you can't fail to find it.

例 2：All of sudden he realized he could fly.

例 3：After he had finished his work he went home.

例 4：There is no country that can be compared with China in population.

例 5：It is without question that he is loyal to the Party.

上述例句都不长，但还是可以运用替代法使其更为简练。例 1 中的 "fail to find" 可以用 "miss" 替代；例 2 中的 "All of sudden" 可以用 "suddenly" 替代；例 3 中的 "After he had finished his work" 可以用分词短语 "Having finished his work" 替代；例 4 中的 "that can be compared with China in population" 可以用不定式 "to be compared with China in population" 替代。

转换法指翻译过程中为了使译文符合目标语的表述方式、方法和习惯而对原句中的词类、句型和语态等进行转换，把不必要的复合句转换为简单句，或者用简单明了的表达形式表达复杂的语句。

例 1：All the jars were closed，So that the air could not touch the contents.

例 2：Please bring this file to a hasty conclusion.

例 1 可以转换为简单句：All the jars were air tight. 例 2 可以转换为：Please hasten this file. 如此转换可以使原句更为简洁。

合并法指将两个以上的句子简化合并为一个句子。例如：

This morning I went to the classroom.When I got there，I saw many people in the classroom.

这两个句子里单词语义重复，句间关系不清。如果采用合并法将其合并为 This morning I went to the classroom and saw many people there. 就会意义清晰明确。

通过以上分析可以看到，句子的简洁性非常重要，在写作中它可以使语句轻盈透彻，起到妙笔生花的作用。在写作教学中，教师也应充分注意引导学生写出简洁明了的语句，而不是一味追求长句或复杂的难句。

第二节　段落写作

段落是文章具有完整意义的外部表现形态，是文章结构的基本单位。段落通常由若干个对某一观点展开论述、相互关联的句子组成，这些句子内容之间应该具有连贯性和逻辑性，而并非随意堆砌。段落表达的内容应该是单一的，不能把在意思上互不相关的句子放在一起；段落表达的内容也应该是完整的，一个观点应当尽量集中在一个段落里论述。

段落写作是英语写作训练的关键环节。学习者应先学习并掌握段落写作方法和写作技巧，然后再学习如何通过段落组合和扩展写成文章。

一、段落的组成

段落由句子组成，构成段落的句子有三种：主题句（topic sentence）、扩展句（developing sentence）和结尾句（concluding sentence）。主题句由 topic+controlling idea 构成，应该具有高度的概括性，能统领下面的扩展句。如 The harmful effects of addicting to internet are obvious. 这个主题句的 topic 是 addicting to internet，它的中心思想（controlling idea）是 harmful effects。因此，其跟在该主题句后面的扩展句都必须围绕着 harmful effects 来展开。扩展句是对主题句的进一步阐述、说明和论证起到支撑作用的句子。通常可通过举例、对比法、因果法、类比法和正反等方法对主题句展开说明或论证。结尾句往往是对该段进行总结的句子，可以采用重申主题、提出解决方案或呼吁号召等方式进行。结尾句不宜写得太长或再加进一些新的细节，而只需用几句概括性的话语总结段落。

以下实例将说明主题句、发展句和结论句在段落中的具体运用：

（Topic Sentence）Ever since early this century, electricity has become an essential part of our modern life. （Development）For one thing, modern industrial and agricultural production must rely on it. For another, modern traffic, communication and entertainment as well as our daily life have much to do with it. （Conclusion）It can be said that ours is an electric age.

通过以上实例可以清楚地了解到主题句、发展句和结论句三者在段落中的不同功能和位置。此外，在写作教学中，教师还应该着重培养学生撰写段落提纲的习惯。写提纲看似浪费时间，其实写好提纲，段落写作就有了保证，行云流水的好段落便会油然而生，因此，段落提纲所占用的时间是必要的。段落纲要写法实例如下：

Topic Sentence I've decided to drop out of college for a semester and take a job. （because）

First Supporting Point：I need to make some money.

Second Supporting Point：I want some experience in my field.

Additional Supporting Point：I might come back to college with clearer purpose.

Concluding Sentence is needed：...

了解了段落结构，掌握了段落纲要的写法，再写段落时就比较容易了。

二、段落写作方法

（一）主题句

概括段落中心思想的句子叫主题句。主题句是段落的核心，它表明了作者的态度、观点和意图。

一个段落只允许有一个主题或中心思想，表达段落主题或中心思想的句子就是主题句。主题句是段落描写的重心，对段落写作应具有制约或控制作用，因此，主题句的概念应具有明确的观点和一定的概括性，以便用其他句子来解释、描述和分析等。主题句通常放在段首，偶尔也放在段中或段末，有时甚至不表示出来。

写好主题句应遵循以下原则：

1. 意义清楚

一个段落只有一个主题。范围不要太大，决不能将两个或更多的主题塞进一个段落中。主题句必须意义清楚、简洁精练。

例 1：To read a novel is a thing.

此主题句存在极大缺陷，其中 a novel 和 a thing 内涵范围太广泛，没有限制语，结果意思表达不清，人们可以对此主题句做不同理解，既可以理解为 To read a novel is a hard thing，亦可理解为 To read an English novel is a hard thing，或者 To read an English novel is an interesting thing.

例 2：To play any kind of musical instrument，one needs to know something about the instrument.

如同上例，此例中的 musical instrument 和 to know something 由于语义宽泛，缺少具体主题发展方向，易生误解，令人无从下笔，同时也会造成不同的理解。下面四例就比较具体清楚：

· To play any kind of drums requires a good sense of rhythm.

· To play a trumpet，one needs to develop a strong lip.

· To play a violin，one needs a good ear.

· To play a piano，one needs to spend much time practicing finger exercise.

由此可见，写好主题句一定要具体有所指，才能意义清楚。下文将进一步探讨这一问题。

2. 具体有所指

主题句的描写范围不应太大，否则就会漫无边际、顾此失彼，无法展开段落。例如：

Learning language is different.（范围太广）

Learning English（Frenc...）is different.

比如，亚运会范围很大，涉及的内容太多，而并非一个小小的段落所能容纳。面对这样的主题无法将之写得生动具体，因此必须在此基础上缩小范围。如将主题句范围缩小在"中国举行的"亚运会和运动员"激烈竞争"这两个关键点上。如此缩小范围之后，主题句具体有所指，随后的发展句就会非常顺利。

下面通过实例说明从选题、缩小题目到提炼出段落主题的思维过程：

选择题目：sports

缩小范围：sports——why we play sports

sports meet

the Olympics

competition Ping - Pong

缩小到合适的范围：why we play sports——health

fun

money

to avoid studying

产生主题句：

（1）We play sports mainly for our health.

（2）Sports activities are beneficial to our health.

（3）Playing sports is very important to our health.

以上段落主题的思维过程显示，首先应有一个较大的范围，然后选择一个段落发展思路，这里有几个选项，我们选择了第一个 why we play sports。下一步就是要围绕缩小了的范围寻求一个段落写作的落脚点，这里我们选择了 health 作为落脚点，明确段落的具体话题，最后主题句就会像浮木，自然浮出水面。虽然形成的主题句这里列举了三个，但是它们都围绕着一个主题——体育与健康。

3. 用好段落扩展的关键词

关键词可以控制或制约段落主题句的扩展方向。否则段落就无法扩展或方向不明。例如，Spring is a season. 这就是一个没有鲜明主题的主题句，因为它缺少关键词，内容无所指，无法扩展。如果给其加上关键词，改成 Spring is the most pleasant season of the year. 就成了一个很好的主题句，因为它不仅可以扩展，还决定了主题发展的方向和范围：The reason why spring is the most pleasant season of the year.

4. 避免客观事实句充当主题句

主题句陈述作者的观点、看法或意图，因此它带有一定的主观色彩，例如，Of all provinces in China, Yunnan has the most beautiful scenery. 客观陈述了一个事实，没有作者的主观色彩，因此它不是一个好的主题句。如果修改一下，融入作者的主观色彩，效果就不一样了：What impressed me even more than the scenery was the bloom the town was having.

从以上实例可以看出，如果表述客观事实的句子不含有制约意义的关键词，就无法决定其主题发展的方向和范围，且无扩展余地，不能成为主题句。例如，Spring is a season.Labor Day is May Day. 两句都是较为明显的客观事实句，因而不含作者的主观意图或看法，所以不是主题句。

总之，以上四种写法相互联系、相互补充、相互依存，构成了围绕主题句的各个要素的综合体，写作时要综合运用。主题句是纲，对段落写作至关重要，对整个短文都有很强的牵制作用。在写作教学中，教师教会学生写好主题句意味着段落写作成功了一半。

（二）发展句

发展句是指一个段落中除了主题句以外的其他说明中心思想的句子，这类句子包含一系列的细节材料（details），这些细节材料与主题句中的主导思想是密切相关的，它们可以以多种形式给出。主题要想得到发展只能依靠发展句。发展句是段落的血与肉，它和主题句唇齿相依、相辅相成。没有发展句支持的主题句是无源之水，没有主题句为核心的发展句是无本之木。

发展句拥有自身的特征。首先，发展句是主题句的延伸，无论采用何种写作手段和技巧，都不能脱离主题句限定的范围。写作时，如果学生的思路紊乱，脱离主题，不能围绕主题精心选材和安排，即使主题句写得好，段落的整体效果也会受到影响。其次，发展句构建整个段落，拓展主题思想，缺少了发展句的支持，或发展句不够充分，段落就会势单力薄，主题句就会黯然失色，缺乏说服力。当然，发展句并非越多越好，如果太多，段落就会显得繁杂，重点不突出，影响与削弱主题的中心思想。因此，发展句的多少一定要适当，一切都应以充分及恰当表达主题为原则，才能发挥发展句的正常效能，使读者充分了解段落中心思想和作者的本意。最后，好的发展句群具有层次分明、逻辑性强的特点，并非是句子的简单排列组合及无序堆积，而是以主题为线索有条理的句群组合，是主题具有说服力的有力保证。①

综上所述，在段落中占篇幅最长的是发展句。写发展句时，教师应时刻提醒学生，必须遵循主题句中关键词所提供的写作思路和范围，紧紧围绕主题句的中心思想来进行叙述、说明或论述。发展句必须明确、具体，同时能深化主题句。

发展句由零碎的细节句群构成，如何巧妙地使其建构的段落生动精彩取决于高超的写作技巧。采用何种写法是由主题句的关键词所决定的，写发展句时应以此为基础，巧妙、灵活、恰当地选择最佳写法。

下文将探讨发展句的具体写作技法：

1.细节法

细节法指让支持句用提供细节的方法阐明主题句。此法适用范围广，较为常用。通过对文章主题的具体细节，它可以对一次经历、一条信息、一个事件或观点等进行详细的描述、解释或说明。其常用的具体细节有事实和细节两种。

所谓事实方面的细节是指在写作中采用包括真实的数字、统计量或简单的原因等

① 佟敏强.大学英语阅读教学理论与实践［M］.长春：吉林出版集团股份有限公司，2009.

的细节，丰富文章的内涵。例如：

Americans smoke six billion cigarettes every year（1970 figures）.This is roughly the equivalent of 4.195 cigarettes a year for every person in the country 18 years of age or more.It is estimated that 51％ of American men smoke，compared with 34% of American women.

本段落通过具体统计数字用事实来说明主题句，客观翔实，很有说服力。

细节方面的"细节"是指在写作中采用包括例子、经历或事件、事物、习俗和容貌等的细节，丰富文章的内涵。例如：

Whenever you buy a gift，you should always consider the interest of the receiver.（例子 1）For example，if you are buying a birthday present for a friend who likes detective stories，you might select *The Adventure of Sherlock Holmes* or *The Case of the Red Rooster*.（例子 2）If，on the other hand，you are choosing a gift for your little cousin who likes to play "Cowboys and Indians"，you might decide upon a cap pistol，a toy sheriff's badge，or an Indian Suit.（例子 3）Similarly，if you must choose a gift for your Mother's Day，you should remember that she especially likes new things for her kitchens.You can please her by buying a novelty cooky jar or a new gadget for slicing potatoes.

本段落通过这三个例子展开段落叙述，说明不同对象要买不同的礼物这个主题，与主题句相互映照，很有说服力。

2.顺序法

如果长句的叙述层次依次相接，跟汉语相近，就可按原句的层次顺序翻译。发展句的顺序直接影响段落的连贯性和主题句的说服力。在段落中，发展句之间有一种自然的逻辑关系。因此，在发展段落时需要把各句按一定的顺序排列起来，以达到句间的自然流畅及顺理成章，否则就会前言不搭后语，影响发展句的连贯。常用的段落顺序有时间顺序、空间顺序和重要性顺序三种。在具体的写作过程中，采用何种顺序取决于主题句的性质及其发展态势。

所谓时间顺序是指在段落写作中应按一定的时间安排相关的语言材料。例如：

（主题句将事件发生的时间定位）A few years ago I joined seven other boys and girls on a trip to some caves.（顺序 1）We hiked for several hours to the site of the caves.（顺序 2）It become dark and we were frightened and hungry.（顺序 3）We built a fire and toasted some hot dogs over the fire.（顺序 4）They tasted very good with our hot coffee.（顺序 5）After the meal we sat around the fire and sang songs.（顺序 6）Then we moved our gear into the caves.（顺序 7）We unrolled our sleeping bags and crawled into them.（结论句）We felt warm and safe there.

此段落中的七个发展句按照时间先后顺序展开排列，显得条理清楚，富有连贯性。当讲故事或描述事件经过时，此方法为最容易和最清楚的写作手法。

在写作时，教师还应提醒学生，要有效地利用时间副词，如 first、second、third、in the first place、in the second place、at first、then、later on、finally 等，以使段

落显得通顺流畅、事件之间顺序过渡自然。

所谓空间顺序，是指在静态观察的基础上按描写对象各个组成部分、空间位置的顺序来写。例如：

（句首确定描述对象）This is a dining room.（顺序 1）It is medium-sized.（顺序 2）The table，which is round，is in the middle of the room.（顺序 3）The chair are around the table，and the tablecloth is on the table.（顺序 4）The china closet is on the left of the table.（顺序 5）The glasses and china are on the shelves and in the cabinet.（顺序 6）The buffet is in back of the table.（顺序 7）The large picture，which is above the buffet，is between the two small pictures.（顺序 8）The plant is on the floor to the right of the buffet.（顺序 9）It is in the corner.

此段落采用由远到近的空间顺序来进行描述，物体的空间关系条理清楚，令读者如身临其境。空间顺序的段落写作手法还可以采用相反顺序进行叙述，即采用由近到远的空间顺序进行描述，好像用摄像机从某个局部到全景，拍摄了一幅栩栩如生的画面，使读者阅读时产生了清晰的空间印象。

同样，采用空间顺序写作技巧写作时也要注意相关的空间关系过渡词语。这类常见的介词和介词短语有 across，at，beside，between，close to，from...to...，in the middle（of），inside，on the opposite side，opposite to，outside，over，to the left，on the left，above，below，over，under，beneath，in front of，at the back of，in the front，next to，nearby 等。这类过渡词语可增强读者的方位感。

所谓重要性顺序是指作者在论述过程中将自己的论据材料按其重要性进行排列。一般是先叙述不重要的情节，最后叙述最重要的情节，使其叙述达到一种高潮和顶点。例如：

（主题句）The generation gap has appeared in our society.（最重要）One important cause of the generation gap is the opportunity that young people have to choose their own life-styles.（次要）Another cause is that in our upwardly mobile society，parents often expect their children to do better than they did.（最次要）Finally，the speed at which changes： take place in our society is another cause of the gap between the generation.

此段落采用按最重要原因到最次要原因的顺序进行描述，主次安排得当，具有很强的说服力。如同空间顺序的写作手法，依照重要性顺序方法写作也可以反向为之，即从最次要描写到最重要描写，如果运用得当，同样会起到异曲同工的效果。[①]

3. 因果法

因果法是说明文和议论文扩展段落的最常用的方法之一。使用这一方法时，可以在主题句中先给出结果（effect），然后在发展句中陈述造成这个结果的原因（cause）。当然也可以反其道而行之，先在主题句中给出原因，而后在发展句中给出结果。

第一种因果顺序，即原因在前，结果在后。可以通过分析下面的实例说明：

---

① 卢桂荣. 大学英语教学研究：基于 ESP 理论与实践［M］. 北京：光明日报出版社，2013.

（原因）Cigarette smoke contains nicotine，several cancer producing or irritating substances and carbon monoxide gas.（结果1）Damage to the lining of the bronchial tubes is much more common among cigarette smokers man nonsmokers even when there is no obvious disease. Some of these changes are considered to be pre-cancerous.（结果2）Lung function is generally reduced among cigarette smokers.（主题句）Cigarette smoking is a greater hazard than other factors-such as community air pollution—in the causation of lung cancer and chronic bronchitis.

本段采用"原因—结果—点明主题"的推理顺序，将结果置于发展句中详述，给予强调。这样论述吸烟的危害性才颇具说服力。

第二种因果顺序，即原因在后，结果在前。可以通过分析下面的实例说明：

（主题句表明结果）More people are collecting coins than ever before.（原因1）The precious metals they contain are steadily increasing in value，making even plentiful coins worth more.（原因2）Compared to other collectibles, they can be secured and traded relatively easily.（原因3）Finally，not only collectors but family members and friends find coins beautiful and unusual.

本段将结果置于句首，引起读者关注，然后在发展句中强调了原因，并对此逐条进行分析。这样显得重点突出、条理分明。

因果法除顺序有上述变化之外，其段落的模式有一因一果、一因多果、多因一果和多因多果，不过需要重视的是内容决定形式。

4. 比较与对比法

比较是指出两个人、事物之间的异同，对比则是找出两个人、事物之间的差异或同一个人、事物的两个不同方面进行对比或对照。比较与对比的段落展开方式有三种：甲乙双方分开集中描述、甲乙双方同时描述，逐点分析、比较和对比交替运用。

关于第一种模式（甲乙双方分开集中描述），例如：

（甲方1）It is easy to be a winner.（甲方2）A winner can show his joy publicly.（甲方3）He can laugh，sing and dance，and celebrate his victory.（甲方4）People love to be with winners.（甲方5）Winners are never lonely.（乙方1）Unlike winners，losers are the lonely ones of the world.（乙方2）It is difficult to face defeat with dignity.（乙方3）Losers can not show their disappointment publicly.（乙方4）They can nor cry or grieve about their defeat.（乙方5）They must suffer privately，but they must be composed in public.（乙方6）They have nothing to celebrate and no one to share their sadness.

本段通过运用对比的手法说明胜利者和失败者的不同遭遇。首先集中介绍胜利者（甲方），然后再集中介绍失败者（乙方），起到既有对比，又有整体的效果。

关于第二种模式（甲乙双方同时描述，逐点分析），例如：

（确定对比对象）I have two friends，Li and Wang.（甲方1）Li has many hobbies，such as stamp collecting and playing the violin.（乙方1）Wang also likes stamp collecting and music，but he plays the flute，and he is fond of painting.（甲乙双方2）Both Li and Wang like traveling so much and have traveled far and wide in our country.

（甲乙双方 3）Li is an athlete on the school tennis，while Wang is the lead player of the school's basketball team. （甲乙双方 4）In addition，Li and Wang both like to tell jokes.

本段主要通过比较的手法同时逐点地介绍 Li 和 Wang 的相同爱好及其差异，层次分明，比较适当，使段落清楚易懂。

关于第三种模式（比较和对比交替运用），例如：

（主题句）The camera：and the eye are similar in many different respects. （比较相同点）They both need light rays in order to function，have a sensitive surface on which the image is formed.（比较不同点）As in a camera，the retina is inverted. However，the eye is more flexible than the camera. It can adapt more quickly to a wider range of light conditions. （比较相同点）Both the camera and the eye can register small objects and distant objects. （比较不同点）The camera performs these functions better than the eyes.

本段将比较与对比交替使用，从主题句和发展句的重点来看，作者主要强调相同点。虽然比较和对比交替运用，既有相同点，又有不同点，但是整个段落错落有致，一点也不零乱。

5. 其他技巧

展开段落的方法和技巧很多，上文仅仅涉及了四种。此外，像例证法、论证法、定义法、过程法、分类法、分题法等都是大学英语写作常见与常用的技巧。这些技巧尽管在个性方面与上文论述的技巧各有不同，但是在共性方面是一致的，即都根据主题巧妙拓展中心思想。因此，在写作教学中，教师应根据教学实际情况，因地制宜地穿插讲授这些技巧，全面培养学生的写作能力。

（三）结论句

结论句就是在自然段的末尾对段落内容进行总结的句子。虽然并非所有的自然段都有结论句，但是一个好的结论句能起到强化主题、首尾呼应的作用。总之，结论句必须和段落的主题相统一，自然通顺，长短适度。

综上所述，结论句是段落主题的总结，其作用如下：

（1）呼应或再次确认主题句；

（2）对段落的发展部分进行概括总结；

（3）承上启下，过渡到下一段。

写作结论句时，和发展句一样，也要紧紧抓住主题句和关键词，回答主题句或段落主题所暗示的问题。

第三节　短文写作

短文是大学英语写作的最后环节。短文写得是否成功，与遣词造句、段落写作手法密切相关。可以说，句子写作和段落写作技能是短文写作成功的重要保证。

这里将重点探讨短文写作谋篇技巧和常见写作题型。

一、谋篇技巧

掌握了句子与段落写作的基本技能后，关键是要研究谋篇技巧，只有这样才能写出符合要求的好文章。所谓谋篇，是指写作时对内容的筹划与构思，然后落笔成文的过程。具体来讲，在短文写作过程中，要把握以下步骤：

（一）仔细审题

审题似乎是一个老生常谈的话题，却十分重要。这里所说的审题并非指完全看不懂题目，而是指由于审题不仔细而捕捉不到问题的核心。首先，要看清作文题目与要求，切记不要信手拈来，提笔就写，根本不审题目。审题是短文写作过程中必不可少的步骤，如果对审题掉以轻心、马虎从事，会导致整个短文写作的失败。其次，要认真理解作文题目，仔细研究和琢磨出能确定写作大方向或中心思想的任何线索，如标题、主题句、体现支配思想的关键词等。这样才能做到胸有成竹及落笔成文。换言之，就是要抓住重点，写得切题，否则，即使语言应用错误很少，短文内容也会漫无边际，缺乏逻辑与连贯性。[①]

（二）确定中心思想

在确定一篇文章的中心思想时，我们通常用快读的方法，从头至尾将全文浏览一遍，注意不要因被个别词、句难住而停下来。要从上下文的连贯上来理解，这样就可以比较有把握地概括出中心思想了。

（三）段落划分

大学英语作文往往采取有指导的写作形式，即 Guided Writing。这样的写作形式通常要求学生将短文写成三段式。所以，学生写作时要看清作文题目对段落划分的要求。如果题目要求写成三段式，就要按要求写；由于大学英语作文有自身的特点，如果题目对段落无明确要求，以写三段或四段为宜。另外，在考试中，对写作时间会有

---

① 李红霞.大学英语教学研究［M］.天津：天津科学技术出版社，2017.

明确的限制，因此，要充分利用宝贵的时间，段落的多少应适可而止，不能过度浪费。当然，这里并不反对根据情况适度灵活地安排段落。

（四）拟写提纲

撰写前应先拟提纲，决定先写什么，后写什么，哪些应重点阐明，哪些地方应融进自己的观点，哪些地方可以省略或一笔带过，重点阐述处应适当分几个小标题。拟写提纲时开始可详细一点，然后边推敲边修改，多一遍思考，才会多一分收获。

拟写提纲时，要进行内容与层次的构思，将与作文题目有关的已有知识或信息调配出来，并按一定的逻辑顺序排列，最后写出统领全文的提纲。提纲的繁简取决于学生自身的需要和能力。根据其需要和能力，既可以是详细完整的提纲，也可以是粗略的提纲。当然，如果学生对某题目非常熟悉，胸有成竹，不拟写提纲也无可厚非。

（五）落笔成文与通篇检查

根据仔细审题而确定的中心思想、段落划分以及最终形成的提纲，考生要用在句子写作和段落写作中学到的技巧，完成最后的写作任务。至此，短文写作的谋篇已基本完成，关键要看考生的具体句子与段落是否写得恰当。考生应尽量减少拼写、注意标点符号、字母大小写以及各种语法错误。只要谋篇得当，具体的句子与段落无重大错误，写出好的短文就是自然而然的事了。

最后，考生一定要抽出时间将通篇写好的短文、字数检查一下，且要认真仔细，不要搞形式。切记任何人都不可能一遍就把短文写得完美无缺。通篇检查可以防止出现不必要的语言与内容方面的错误，以使短文更趋完美，分数达到力所能及的最高点。通篇检查时，下列问题应在考虑范围之内：

（1）如果需要写出主题句，主题句是否写得合乎标准，主题思想是否表达得明确。

（2）扩展句是否得到应有的扩展，段落是否紧扣主题。

（3）结论句是否恰当合理，是否能与主题产生回应。

（4）句子排列顺序是否合理，符合逻辑。

（5）思想是否连贯。

（6）词与词、句与句、段与段之间是否连贯自然，层次是否分明，写法是否简练。

（7）语法是否正确（包括句式、主谓一致、代词一致、时态、语态、语气等）。

（8）拼写、大小写、标点符号是否正确。

如果符合上述要求，就是一篇好的作文，获得好评就在情理之中了。

二、常见写作题型

大学英语考试大纲对可能出现的写作题型做出了规定。根据各种题型的出现频率，结合教学实践，下文将探讨最常见的三种题型。

（一）段首句作文

段首句作文也叫主题句作文，可以看作是提纲式作文的前身。段首句作文其实已经完成了主题句的写作，是提纲式作文的半成品。考生只要正确理解所给句子，抓住句中的关键词，对主题句进行正确扩展便可以了。

段首句作文是大学英语写作中最常见的一种形式。有时，段首句并不是一个完整的句子，或者最后一段不给段首句而给出结论句，但是，整个布局和写作方法不变。写好段首句作文一般遵循以下三种方法：

（1）紧扣主题句所点明的中心思想，不可偏离，同时在发展句中为主题句提供事例或细节等。

（2）搞清主题句之间的内在联系。

（3）明确关键词的内涵，确定写作层次。

例如：

An Early Morning Walk

① One morning，I got up very early，and everything around was very quiet...

② When I arrived at the park，I found，to my surprise，that there were so many people there...

③ ...Take early morning walk makes a man healthy and wise.

在审题、确定中心思想、划分段落和拟写提纲之后，就可以进入各段落的描写。

第一段应重点写我们周围物质世界的"静"（quiet）。因此要用可以表现静的细节来描写早晨周围的环境，如在街上漫步时，无行人车辆，无喧闹声及车辆声，周围的一切出奇宁静等。

第二段的写作重点是要突出"惊奇"（surprise）。和第一段描述的静（quiet）形成对照，即能用使主人公吃惊的动态细节和第一段的静态环境形成鲜明对比。这样，可表现出早晨公园晨练生机盎然的景象，向下一段谚语所表示出的中心思想过渡。

第三段句末一句为谚语，表示早晨散步有益身心健康。根据此谚语的内容，写作重点应围绕"愉快的心情"来写，逐渐向句末平稳过渡。此时，主人公从早晨的散步中感到精神抖擞与心情愉快，由此自然会想起这句英国谚语了。

An Early Morning Walk

One morning I got up very early，and everything around was very quiet. I decided to go to the park for a change.When I was walking in、the street，no cars or walkers could be seen at all.There was no wind and trees made no stir. No voice could be heard except a cock nearby heralding the break of a day. Everything was strangely quiet.

When I arrived at the park，I found，to my surprise，that there were so many people there.Many of my schoolmates were running，talking or doing morning exercises. Over there a group of old men and women were doing Taijiquan boxing. Not far away，an old boxer was showing young fellows how to do swordplay. The air was so cool and enjoyable， and the atmosphere was warm and cheerful.

The sun was slowly rising in the east. I left the park and slowly began walking home，feeling much refreshed and energetic. The old English saying suddenly crept into my mind。Early to bed and early to rise，makes a man healthy，wealthy and wise. Certainly I was not much wealthier for that，but I was fully convinced that taking an early morning walk makes a man healthy and wise.

此范文便很好地按照上述三个原则，巧妙构思，将日常生活中所见到的普遍现象描写得惟妙惟肖，富有启发意义。

（二）情景命题作文

情景作文要求考生根据所提供的情景来进行写作。其特点是文章的中心思想和信息都将在提供的情景中得到暗示，学生不必为文章的思路和内容花费太多的时间，从而可以更好地将精力集中于篇章结构的组织和语言的表达上。这种题型集合了情景作文和命题作文的长处，借用情景作文对内容的限定加强了命题作文的指导性。单纯的命题作文只提供标题，同时要求紧紧围绕题目，且符合题意。虽然学生写命题作文时只需按要求围绕题目写文章，但是命题作文缺乏指导性，作文的具体内容因人而异，无法达到基本的统一。尤其是在大规模的统考中，命题作文对阅卷工作极为不利，而借用情景对命题作文的内容进行一定的限制，增强对学生具体写作的指导性，对大学英语教学和大规模统考都有益处。因此情景命题作文一直是大学英语教学和大规模统考采用最多的题型。

情景命题作文通常是先给出标题，然后再用中文进行一定的情景限定，中文对内容的限定通常用 3 ~ 4 句话表示，其作用相当于主题句，或相当于一个简单的提纲。学生在写作时要在中文提示的指导下，围绕标题来写，写作方法基本和段首句作文一致。①

例如：

Directions：

①烟的危害（如 cancer，health problems，death）

②对他人的影响（如 second-hand smoker）

③解决办法（如 no-smoking section）

Smoking and Health

此情景命题作文给出了一个中文写作大纲。这个大纲实际上规定了情景，限定了写作内容。首先，从标题分析，应着重写吸烟与健康的关系。其次，将短文分成三段，依次写吸烟的"危害性""影响性"及处理吸烟与健康的"解决办法"。这些都是短文写作时应围绕的中心思想，它们就像主题句中的关键词一样，支配着整个短文的写作大方向。

---

① 李焱 . 大学英语课堂教学的理论与实践探索［M］. 北京：光明日报出版社，2018.

Smoking and Health

We all know that cigarette smoking is a dangerous habit because it causes health problems.Doctors say it can be a direct cause of cancer of lungs and throats and can also contribute to cancer of other organs. Besides，it can bring about other health problems such as heart lung diseases. It is clearly identified as one of the chief cause of death in our society.

Smoking is a killer not only among smokers，but also among the nearby nonsmokers. The nonsmokers often find themselves exposed to the second-hand smoke.This will add to deaths from cancer and other diseases related to smoking.

For the sake of public health，it is time to take actions to eliminate the cause of death. Before we succeed in persuading smokers to give up the habit，we should at least set up "no smoking" sections，and prohibit smoking in public places.

（三）其他常见作文题型

以上所述段首句作文和情景命题作文都是大学英语教学中的常见题型，尤其是后者，在近年来最为常见。除此之外，大学英语教学中常见的题型还有下文所列的五种形式。这五种题型虽然相对而言采用频率不如上述两种高，但也是学生应当了解与重视的。这五种题型的写作方法与上述两种题型在写作原则及具体写作技巧方面都是一致的，只是审题的思路角度不同而已。

下文将探讨这五种题型的特征。

1. 命题作文

英语命题作文的写法与汉语的命题作文相似。它不受任何附加要求的限制，束缚较少，便于构思与表达，但容易偏题，与作文要求不一致，因而不利于在大规模测试中应用。它的测试目的是针对标题含义写出符合题意的短文。学生写作时应注意反复领会指定的标题含义，确定写作范围，然后紧紧围绕题目写出符合题意的短文。

2. 情景作文

一般来说，这类作文并没有确定标题，只是在试题中规定出一定的情景，文章表达的主题和有关信息都是通过所提供的情景来展示的。它是用中文或英文提供一定的事件起因、场所以及有关信息，把作文的内容限定在一定的范围内。因此，学生在写作时，要弄清情景，主次分明，按情景的要求来写，避免答非所问。

3. 关键词作文

它主要测试学生的语言组织能力，看其是否能以有限的词或短语为线索，写出符合要求的短文。在写这样的作文时，首先要利用所给线索，揣摩词与词之间的内在联系，再由词推导出句子，从句与句之间的关系能构思出段落思想内容的层次，最后把句衔接成段，再把段组成短文，表达出题目要求的意思。题目中所给的关键词是构成短文的基本词语，利用关键词进行联想，可以构思出短文轮廓，确定短文所涉及的范围和基本内容。

4. 看图作文

它主要测试学生的想象力与思维能力。该题型是要求学生以图画为线索，根据所给图画（有时结合所给关键词）写作。写作的关键在于通过图画提供的信息，分析及综合出作文主题及意义层次，然后按照这些层次分段写成短文。分析综合时，要把标题与图画统一起来，弄清图画的含义，把握图画的重点部分，否则就会偏离主题。

5. 看图表作文

看图表作文是指在给出写作标题的同时，给出图画、图片、图表或曲线图，可能同时给出一定的情景，也可能不给。该题型写作的关键是充分利用图表文字提供的关键词或数字，通过对比分析表中的文字或数字，从中发现要表达的内容，最后得出结论。和看图作文一样，写作时要把图表和标题结合起来，以标题为基础，归纳分析图表，分清层次，并写出切题的作文。[①]

以上五种写作题型的谋篇技巧、主题句的提炼、发展句的扩展以及结尾句的写法，均和所述一致，并且可以互相借鉴。总之，形式上的变化并不影响方法上的变通，无论何种写作题型，其基本的写作方法都是相同的。

---

① 蒋云华. 网络环境下大学英语写作教学理论与实践［M］. 昆明：云南大学出版社，2012.

第七章　大学英语阅读教学理论实践

第一节　阅读教学方法概述

　　阅读是读者通过认识和理解，代表作者的思想和观点的文字符号，在自己的头脑中建立意义的心理活动过程，是一个不断假设、证实、想象、推理的积极、能动的认知过程。在英语语言基本能力中，阅读能力是信息获取的重要手段之一，是学生从书面语言中汲取信息的有效途径。阅读教学在中国外语教学中始终处于重要地位。大学英语的一个重要教学目标就是培养学生具有较强的阅读能力，使学生能以英语为工具，获取专业所需要的信息，提高其综合文化素养，适应我国经济发展和国际交流的需要。这一目标其实也是对英语教师的明确要求。

　　学生的英语综合应用能力中，阅读能力是非常重要的一个环节。本节仅就英语阅读教学方法进行一些探讨。

一、大学英语阅读教学现状

　　从 20 世纪 50 年代至今，我国大学英语阅读教学中最常见的课堂教学组织模式有下列五种：

　　（一）传统英语教学法

　　长期受传统的描写语言学和结构主义语言学的影响，我国的外语教学一直把语言作为一个完整体系来教授，采用的传统教学模式包括：生词（New Words）、语法（Grammar）、教师通过句子分析来解释课文（Teacher's Explanation of the Text by Sentence）、问与答（Question and Answers）、练习（Exercises）。这种传统的课文教学以教师为中心，以语法为纲，以句子的分析讲解为主，强调语法和翻译的重要性，常把阅读与翻译等同起来，采用"对号入座"的方法来把英语的每一个词或句子替换成汉语的词和句子。这种教学法只注重语言系统知识的传授，忽视交际能力的培养；只注重理解，忽视使用；只注重句子，忽视篇章；只注重准确，忽视流利程度；只注重质量，忽视数量，其结果是学生的注意力大多放在语法、词汇与单句的分析、理解和翻译上，缺乏对整篇文章的综合理解。

（二）常规英语教学法

在我国盛行了多年的另外一种阅读教学法与美国的 SQ3R 阅读法相似，即常规英语教学法。教师首先要求学生课前对课文进行预习，课堂上教师讲解语言点或逐句逐段串译，突出语言点，用问答的方式让学生进一步熟悉课文，并做阅读练习。这种方法明显优于传统英语教学法，但仍未改变课堂上老师讲、学生记的总体模式。听老师讲不等于阅读实践，讲透语言知识也不等于上好了阅读课。

（三）听说教学法

20 世纪 60 年代，人们对传统英语教学法提出异议，认为这种教学程序不能很好地培养和提高学生的阅读技能，于是在教学中采用了结构主义的听说法的理论，提出了"听说领先"的指导思想，注重句型训练和听说能力的培养，从而促进了阅读技能的提高。课堂上教学通常采取如下步骤：Listening，Oral Practice，Pattern Drills，Looking at the Written Script，Further Practice in a Controlled Context。这种教学程序在一定程度上提高了学生的听说能力，并促进了学生阅读技能的提高，但它仅适用于最基础的阶段。[①]

（四）阅读教学六步骤

近年来，我国的一些高校在总结国内外阅读教学经验的基础上，根据学生的实际情况和教学目的先后对阅读程序进行了有意义的尝试，采用了阅读教学六步骤：调动兴趣（Motivating），快速阅读（Reading），初步检查（Checking），评析讨论（Discussion），重点练习（Exercises），综合性活动（Follow up Activities），简称"MRCDEF 六步教学法"。本教学法要求学生把阅读放在课堂上，在教师的指导下在规定时间内完成。

这种阅读程序对克服学生不良的阅读习惯、培养正确的阅读习惯起到了积极的作用。同时，许多教师开始将注意力从单纯的语言知识传授转向培养学生获取信息的能力，摒弃了长期统治我国英语课堂教学的"单词讲解—课文分析—课堂练习"的"三段教学法"。

（五）语篇教学法

语篇教学法是近年来随着国外新的教学思想、原则和方法（诸如功能意念法和交际教学法）传入我国后在我国应运而生的一种崭新的教学方法。语篇教学的目的在于培养学生理解作者的观点、意图，使学生具有通览全篇的能力，并且注意力主要在"篇"，而不在"句"；在文章的"意"，而不在语法点。语篇教学以语篇分析为主，就是从表达完整、确切意义、思想内容的语段篇章结构形式入手，分析句子之间、段落之间

---

① 严明.评价驱动的大学英语课程教学管理理论与实践［M］.黑龙江大学出版社，2012.

的衔接和相关意义及逻辑思维的连贯，使学生理解和掌握其中的基础语言现象所表现的交际功能，并从语言交际的动态环境中掌握基础语言现象。

一般来说，语篇是篇章结构中的最高层次，句子或话轮是最低层次，而段落则是二者之间的中间结构单位。在语篇教学中，学生除了具备一定的语言基础知识之外，还应具备对英美文化、历史、地理等方面知识的了解，所以在语篇教学中，教师应首先向学生介绍一些必要的背景知识、风土人情和文化习俗等。

二、国外语言学理论对阅读教学的影响

阅读理解不仅是一种纯语言活动，而且是一系列思维、判断、认知和理论等彼此关联的综合过程，其中背景知识和综合能力起着极其重要的作用。阅读不仅是获得信息的过程，而且是解释信息的过程。读者对阅读材料的理解决定于他原有的背景知识和语言信息的重要性。

20世纪70年代初期，国外外语教学出现了一个令人瞩目的新趋势——教学研究的重点从教师转向学生，一种新的交际教学法问世。这种教学法反对传统式的机械操作，注意调动学生的积极性，其目的是培养学生的交际能力。在整个教学过程中，一切由学生本人去经历，教师只是课堂活动的组织者和促进者。这种教学方法是在其他教学思想原则和方法的基础上发展起来的，是语言理论和外语教学深入发展的结果，在世界各国外语教学中受到普遍重视，成为当前影响最大、流行最广的教学法之一。随着交际教学法的兴起，许多国外学者、专家对阅读教学提出了不少有影响力的教学方法。英国的杰瑞米·米勒（Jeremy Hamer）认为阅读教学可采用五个步骤：（1）Lead-in，（2）Teacher Directs Comprehension Task，（3）Students Read for Task，（4）Teacher Directs Feedback，（5）Teacher Directs Text-related Task。这种教学法的特点是以完成任务来补充、代替过去单调的一问一答的课堂活动。由于其形式比较新颖，学生愿意主动思考和积极配合。本教学法重视对学生的技能训练，在完成任务的过程中，学生积极开动脑筋，在不知不觉中培养和训练了阅读技能。

20世纪70年代中期，以明斯基、鲁姆哈特等为代表的现代图式理论产生。图式对整个阅读过程产生影响，其作用主要表现在剪辑和提取计划上。对阅读理解来说，是一种非常重要的心理因素。根据这种理论，读者不是逐字逐句地去理解记忆，而是剪除掉了输入材料的许多细节，保留其基本意义，通过图式一级剪辑对文章进行意义编码，经过图式二级剪辑，对接受的文章内容进行组织加工，使读者完成认码、解码、预测、验证、重复直至理解整篇文章。

在阅读教学方面，许多国外学者也提出了多种有影响的教学程序和方法。21世纪初，迈克尔·韦斯特（Michael West）在传统朗读法的基础上提出阅读教学的六个步骤：（1）New words，（2）Questions，（3）Reads，（4）Written Answers，（5）Extra Questions，（6）Read Aloud。教师应根据这些步骤，围绕课文向学生提出问题，让学生带着问题有目的地去阅读课文。

三、阅读教学改革探讨

根据大学英语教学的特点可知，阅读的任务在于着重提高阅读理解能力；培养学生细致观察语言、假设、判断、分析归纳、推理验证等逻辑思维能力；培养学生速读的能力以及阅读的兴趣；扩大学生的词汇，增加文化背景知识。在教学方法方面，笔者认为，无论采取何种教学方法，都必须充分调动学生学习的积极性和主动性，培养学生的阅读能力。

长期以来，我国高校英语阅读教学大都采用传统的教学法，以精读课为主，在精读课上投入了大量的人力、精力和时间，但教学方法单调，课堂上以教师为中心，侧重于语言技巧训练尤其是词汇讲解，忽视了文章的主题思想和语篇布局，把阅读看成是单纯的语言活动。这种传统的教学法只能使学生认识语言，而认识语言并不等于掌握语言。结果，学生获取的信息量小，阅读速度上不去，知识面狭窄，分析能力差。显然，这种教学方法不符合当今信息密集的时代要求，更不能有效提高学生的交际能力。因此，这种现状必须在教学中加以改革，逐步采用新的教学方法，如语篇教学法。

语篇教学是提高学生概念能力的有效途径。概念能力指的是读者在阅读过程中把零星的信息升华为概念的能力。现代阅读理论认为，阅读理解实际上是一个人的概念能力、背景知识和加工策略三者之间相互作用的结果。其中，概念能力和背景知识是最重要的。语篇教学法属于功能意念教学的范畴，其指导理论是语言学中语义宏观结构理论和语用宏观结构理论。根据语义宏观结构理论，在教学中，教师将注意力首先集中在引导学生抓住作者的主体思想和中心主题上，然后讲解和分析词、短语和句子意义及惯用法。同样，根据语义宏观结构理论，运用语用分析进行教学有助于提高语言技巧训练的效率，克服孤立讲解语言形式的弊端，使学生能有效、得体地使用语言，确保语言表述的准确性。[①]

采用语篇教学法可使学生摆脱对教师和教材的依赖性，改变以往在课堂上只听不问、只记不说的习惯，使学生从词汇和句子中走出来，根据文章体裁和课文信息来分析判断综合语篇大意，达到提高阅读的速度和理解的准确度之目的。在课堂上教师成了组织者和指导者。据此，教师应当要求学生尽快从阅读材料中得到重点信息，在引导学生掌握语言基础知识的同时，让他们同时掌握把语言基础知识与其他各种知识结合起来的能力。教师在讲授基础知识和强调语言共核的同时，还要注意阐明篇章结构，点出中心思想和段落大意，教会学生识别主题句（Topic Sentence），掌握文章的篇章结构、基本内容和中心思想，摸清作者的思维脉络以及词和句子的衔接手段等。

在大学英语阅读课教学中，教师的认真指导和学生的积极配合十分重要。有了师生双方的共同努力才会有理想的教学效果，从而达到符合大学英语特色的阅读教学目的。

---

① 陆巧玲，周晓玲.网络环境下大学英语教学改革理论与实践［M］.上海：上海交通大学出版社，2012.

第二节　阅读教学的几个重要环节

　　大学英语阅读课是大学英语系列课程中的主课，且处于重要地位，特别在英语学习的基础阶段非常关键。著名教学法专家李观仪曾经形象生动地比喻道："语言基础好比大树的根和干，有了根和干才能枝繁叶茂。"①20 世纪 80 年代以来国外许多学者，如约翰·莫罗尔（John Morall）和威尔金斯（Wilkins）都强调语言基础的重要性。他们认为，学生必须有一个最低限量的词汇、语法和语音知识（Minimum Adequate Vocabulary，Grammar and Pronunciation），否则就无法顺利完成交际。而学生的语言基础及语言的进一步发展在某种程度上取决于阅读的作用。

　　根据目前关于阅读课课型的一种观点，阅读还是一门综合课，它不仅可以帮助学生打好语言基础，培养其较强的阅读能力，而且还兼顾学生一定的听、说、写、译能力的培养。可见，阅读作用很关键。要发挥阅读在英语教学中的重要作用，以"质"带"量"，不断改进教学方法，提高阅读教学的效率和质量是唯一的出路。

　　下文拟就大学英语阅读教学中四个关键环节具体陈述。

一、重视阅读前的预热环节

　　将一篇文章展现给学生并不意味着能自然引起学生的阅读欲望与兴趣，而阅读前的预热环节则能够激发学生的阅读兴趣，引导学生逐步学会阅读技巧，进行有效的阅读。实践证明，阅读前的预热活动是行之有效的。

　　现代图式理论对图式和阅读理解的关系所进行的研究为阅读教学提供了非常好的借鉴。所谓图式，即记忆中的知识结构。这里的知识结构既包括文化背景知识，又包括词汇和语法等语言知识。鲁梅尔哈特（Rumelhart，1980）指出，在阅读过程中，图式被激活，并与文章中的知识有意义地联系起来。另有学者塔格里伯、约翰逊、亚伯勒（Taglieber，Johnson，Yarbrough，1988）也提出，如果读者脑中缺乏相应的图式，或未能将其激活，理解就会受到影响。可见，阅读前的预热活动就是激活相应的图式或向学生提供其脑中所缺少的图式。

　　关于语言能力和阅读理解的关系，威廉姆斯（Williams）认为，语言能力是阅读能力的重要组成部分；奥德森（Alderson）则认为，成功运用阅读技巧和方法必须具有最低限度的语言能力。因此，语言知识也是阅读前预热环节的必备因素。

　　论及语言能力问题，有必要将其与语言知识和交际能力划清界限。这里所说的转化是指系统和反复的练习与实践。因为语言知识仅仅是语音、词汇和语法方面的知

---

　　① 李观仪主编.具有中国特色的英语教学法［M］.上海：上海外语教育出版社，1995.

识，单纯的语言知识是无用的，外语教学的质量主要是以学生的语言能力而不是根据学生的语言知识的多少来衡量。语言知识和语言能力是相互制约的关系。一方面，语言知识是形成语言能力的前提和构成要素，另一方面，语言能力也离不开语言知识的指导，没有必要的语言知识，就没有语言能力。由此可见，掌握一定的语言知识十分必要，但是掌握语言知识并不等于获得语言能力，两者之间不能画等号，而是需要有一个转化。上文中关于图式的知识结构，提及了它包括文化背景知识和语言知识。这里的语言知识其实包含了语言能力的含义，或者说，在某种意义上指的就是语言能力。

交际能力不等于语言能力。语言能力只是对语言知识的纯技巧性掌握，而交际能力则是运用功能知识在实际中运用语言的能力，既是学生对语言的最根本掌握，也是外语教学的终极目标。所谓功能是指语言所体现的交际作用。交际需要以功能知识为基础，通过语言能力才能实现。单纯的语言知识和语言能力不能进行交际。

上文从理论角度探讨了阅读前预热环节的重要性，下文将具体论述阅读教学中的相关技巧。

二、重视文化背景知识教学

语言的发展告诉我们，语言和文化有着密不可分的关系。语言深深地扎根于文化之中，任何语言学习者都将无法忽略语言对社会文化的影响，也不能不利用社会文化知识来达到一定的交际目的。语言是文化的重要组成部分，社会文化依托语言这一重要媒介得以发扬、传播，语言作为特殊的符号系统，它鲜明地体现了文化的特质，其多样性体现了文化的多样性。

学生置身于英、美等以英语为母语国家的文化氛围之外，对其社会文化了解相对较少。他们面对一篇陌生的课文，犹如面对一个陌生人，如果没有介绍其姓名、身份、来自何处以及目的等，是很难对他发生兴趣、产生了解欲望的。没有必要的文化背景介绍，学生很难对一篇陌生的课文产生兴趣和了解其精神实质的欲望。必要的文化背景介绍不仅可以激发学生的好奇感与兴趣，使他们产生"读"的欲望，积极地投入的课文学习中，还可以使他们准确地把握文章要旨，对课文进行深入理解。

在教学中，对文化背景知识的介绍在注意学生可接受性的同时，应采取借题发挥等灵活多样的方式进行激发与引导。在讲解一篇新课文之前，可根据标题、作者生平或课文主题等一切可以激发学生兴趣的题目进行发挥，使其对课文产生兴趣，从而产生"读"的欲望。

（一）图画导入法

图画导入法又叫直观导入法，用课文插图、教学挂图、教学图片、幻灯图片、自绘水彩画、粉笔简笔画等导入新课，直观形象，深受学生喜欢。哈德逊（Hudson）曾对图画在阅读理解中导入的作用进行了实证性研究。他把 ESL 大学生按照水平分为高、中、低三级，每一级又分为三个组，第一组采用图片作为阅读导入手段，第二组采用关键词作为导入手段，第三组不采用任何手段。结果表明，采用图片作为阅读导入手段显示出了较好的效果，尤其是对中级和低级两组的学生有更大的帮助。这个实证性研究结果说明，图画导入法更有助于学生对文章内容的理解，尤其对大学英语低年级学生效果更加明显。例如，在教 "Sailing Around the World" 和 "The Woman Who Would Not Tell" 时，均可以利用地图进行文化背景知识的讲解。对于前者，通过讲解使学生可以从 Francis Chichester 的生平来了解其 old dream 的内涵及 going around the world 的决心，从航行路线及冒险经历来了解冒险家的艰辛与勇气。对于后者，要向学生讲明美国内战的爆发原因和南北互相对峙的背景：美国独立以后，北部的资本主义工业得到发展，而南部却一直是黑暗、落后的奴隶制社会，资本主义和奴隶制这两种不同社会制度的并存引起美国社会内部的深刻矛盾，战争不可避免，因此，美国内战实际上就是黑奴解放战争。这里采用图画导入法，利用地图帮助学生恢复和熟悉原有的地理知识，澄清了历史概念，增强了对课文的理解。

（二）借题发挥法

借题发挥法依照某一种态势，因势利导地推出公共关系策划。运用借题发挥法能很快把握文章主旨，明确文章的立论方向，准确把握与理解文章局部内涵。运用借题发挥法要掌握两个要点，一是"借题"，二是"发挥"。在阅读教学实践中，借题发挥法的范畴非常广泛，只要有利于阅读理解，就可以借文章的暗示，调动一切方法刺激学生的阅读欲望，激发他们的热情。目前的阅读教材基本都设置了类似于 Warm-up Activities 的问题，教师可以针对文章大意向学生发问，引导他们抓住全文的要领。除了就文章大意进行提问，教师还可以针对标题借题发挥，进行提问。例如，在教 "Honesty：Is it Going Out of Style？" 时，可先用 "Life is a struggle." 为题，引导学生意识到自己的生活奋斗目标在于努力学习，以优异的成绩获得文凭学位，然后借题发挥，过渡到考试作弊问题，以引起学生对课文的兴趣，同时，结合我国国情，介绍美国大学考试作弊的现象及比率等问题。在此基础上再谈论和理解由作弊引起的诚实是否过时的问题就显得比较容易了。此外，引人入胜的文章开头、出人意料的结尾和文章的时间顺序等，都是借题发挥进行提问的好素材。借题发挥式的提问有两个优点：其一，有利于学生对全文大意的理解。其二，有利于激发学生的阅读兴趣，可以从学生阅读的个人兴趣出发，充分挖掘阅读中的兴趣因素，使学生学有所获、学有所感，感受成功的乐趣。

例如，"Turning Off T.V.：A Quiet Hour" 中有这样一句：Or they might take a walk together "remember feet？" and see then neighborhood with fresh，new eyes。句中似乎没有什么难点，但仔细分析就会发现关键词语 "remember feet？" 有深一层的意思，有些学生对此并不能从实质上去理解，此时教师应从美国社会现状来解释它的内涵：美国人生活在汽车王国里，他们的生活离不开汽车，很少步行，作者在建议全家人一起去散步时问："还记得自己的脚吗？"就显得非常幽默。又如，解释 Yankee 一词的含义时，应道出其产生的社会文化背景，即它那非常有趣的来历，甚至可用美国歌曲"Yankee Doodle"来激发学生的兴趣，引导他们对文章进行全面正确的理解，以增强对它的记忆。

从以上实例不难看出，必要的文化背景知识介绍非常有利于激发学生对所学课文的兴趣。这不仅能帮助学生加深对课文主旨的理解，而且还能扩大其知识面。

大学英语阅读课本的选材通常融知识性与趣味性为一体，许多文章都含有丰富的文化背景信息。为了通过语言来领略文章所展示的西方社会，不仅要在讲解课文之前介绍必要的文化背景知识，还要对个别单句，甚至单词讲解必要的文化背景知识，否则学生对单句的理解就不容易做到透彻全面，对单词的理解与记忆就会大打折扣，这一点需要引起充分的重视。

三、语言点的处理要科学化

阅读教学毕竟是语言教学，旨在帮助学生打好语言基础，而语言点的处理则是阅读教学中的中心环节，这一环节的好坏直接关系到阅读教学的成败。所谓语言点就是指课文中出现的要求学生熟练掌握的关键性词汇、短语和句型。语言点的处理所采用的教学方式应科学化，遵循省时、省力和恰到好处的原则，易于学生掌握。[①] 具体步骤如下。

（一）分清主次，选好语言点

所谓语言点是指语法点、习惯用语和口语表达方式，它们常常构成听力理解的障碍。应根据语言点的积极程度及学生的实际接受能力选定适量的、最常用的、容易出错的、要求确切掌握的常用词、短语及句型，而将其他的一语带过或仅做简单交代。例如，interesting 和 interested 这两个词学生都非常熟悉，但在实际运用过程中并不一定用得准确，类似于这样的语言现象可选定为语言点。又如，在"A Brush with the Law"一课的众多语言现象中，可选 make、due、take one's time、commit、far、turn out、regard...as、confirm、given、revolve around 和 turn against 作为语言点详细练习，而将其他的语言现象根据情况略加训练。

（二）语言点的释义要确切，教学要精讲多练

精讲多练原则是提高课堂效率的有效办法。语言点的讲解与操练一定要遵循精讲多练的原则，避免过多地引申、辨析，否则学生会产生迷惑，会束缚与牵制学生过多的精力而忽略了对课文的理解。所谓精讲，即攻破重点难点。容易、易懂的知识点让学生自学或一带而过，这样讲课可以突出重点、简练有节奏，同时培养学生的信心，激发学生的求知欲。所谓多练，即不要一听而过，要边听边做练习。做练习的目的是检查自己到底听懂了多少，使学生举一反三、触类旁通，培养学生分析问题和解决问

---

① 孔丽芳.大学英语课堂教学艺术与应用实践［M］.北京：九州出版社，2018.

题的能力。对待难点还可以采取演示、图画、计算机辅助等方法，加强直观性、形象性，帮助学生加深理解。有了精讲会省出更多的时间实现对语言点练狠、练透，使学生真正掌握。除此以外，在课后练习阶段也应结合语言点反复练习。

精讲要言简意赅，寥寥数语使学生开窍，但又不能讲得过于简单，说不透理，使学生不能全面深刻地理解和掌握。精讲视课文内容、知识深浅、学生的可接受度及领悟程度而定。精讲还要提取精华，分析精辟，真正体现出"成在舌耕，功在思考"，让学生确切理解。另外，教师要在有限的学时内加大练习力度，做到练中有讲、讲中有练，根据当堂所授内容，及时练习巩固。教师还要不失时机地抓好学生课堂训练，因为这是完善课堂教学的重要一环，是调节课堂教学机制的重要手段。我们不仅要鼓励学生大胆实践尝试，而且要做到练中有讲，让学生醒悟，达到强化知识、熟练运用知识之目的。

精讲多练可以极大地发挥学生主体性，使学生体验到他需要对自己的学习负责，进而产生较强的自主性。但是在课堂上如何取得好的效果，还需在各方面不断探索，如重难点的突破、计算机课件的制作、习题的选编、学生的学情分析等，都需要慢慢摸索，积累经验。

（三）语言点例句的选用应力求实用新颖

例句是语言点教学最基本的材料，对学生来讲实用新颖的典型例句可接受性强，教学目的容易达到，而任意编造、内容陈旧、缺少信息量与哲理性的不实用例句不但不能激发学生的兴趣，反而会引发他们的排斥心理。例如，What's the point of being a teacher/a millionaire？就属于缺少信息量、无意义及不实用的例句，而 What's the point of talking to her again？ She's already made up her mind. 在信息量、内容及实用性方面比前者就好多了。又如，I didn't know biological science had gone that far. 是一个普通例句。没有什么新颖之处，但如果略微改动就会使学习法律的学生，尤其是学习经济法的学生听起来感到亲切、熟悉，并能激发其兴趣：I didn't know the study of economic law had gone that far.

大学生的心理发展已基本成熟，他们知识面较广、求知欲强、有较高的鉴赏力。据此，在选用与改编例句时一定要考虑到他们的这一心理特征。

（四）语言点的操练形式要灵活多样

在阅读教学中，教师要对文章中出现的语言点进行处理。对于这部分内容，传统的教学法是由教师直接解释每个语言点，给出一两个例句，然后让学生翻译或造句，这样的课堂比较枯燥，学生是被动地接受知识。对此，教师应认识到，学生更倾向于主动积极地接受新东西，在讲解语言点前，可以将学生必须掌握的语言点呈现出来，设计一些具有交际性的教学活动，使学生积极投入到语言点的操练之中。

灵活多样的操练会带来生动活泼的教学效果。"灵活多样"指的是语言点的操练不拘泥于某一种或几种操练形式，而是根据学生的实际水平和接受能力采用多种形式交替反复使用。在教学实践中，既有英汉互译这种传统的操练形式，或选择填空、正误对比等比较机械的练习形式，又有情景造句、提问回答、连词成句，甚至连词成篇等较为灵活的形式。教师要充分调动学生的积极性，增强语言操练的生动活泼，避免操练的机械枯燥性。遵循"灵活多样"原则，可以改变传统的语言点教法，无形中教给学生自学的方法，使他们自觉接受知识的空间更大、广度更深。

在阅读教学中，把语言点讲清、说透，并使学生能灵活准确地使用，是提高教学质量的关键。教学实践表明，要想真正地把语言点讲清、说透，需要注意运用巧劲，即灵活多样。随着知识的积累，学生会见到许多形式相似、意义相近的短语，但结果不可避免地产生一些模糊认识。所以，教师很有必要采用对比法，通过叙述或描述两种或两种以上的相关事物之间的相同（相似）的地方或不同之处来表达主题。在适当的时候把一些容易混淆的语言点进行对比，使其明晰化和具体化。例如，a number of 和 the number of 便是这类短语中的一对。首先它们所表达的意思不同。前者表示"几个"，而后者表示"达到……的数目"。I have a number of good friends.（我有几个好朋友。）和 He didn't know the number of the people attending the exhibition.（他不知道光顾这个展览的总人数是多少。）两者的句义大相径庭。又如 used to 和 be used to 这组短语，它们在意思、时态和结构方面都截然不同。为了使学生更清楚地理解和准确运用，教师可以有意识地把这两个短语放在同一个句子里，让学生观察、体会它们的用法：The old woman used to live in the countryside whose surrounding was quite used to her.（那位老太太过去住在乡下，她很习惯那里的环境。）/I used to live in the south. I'm living in the north now and I haven't been/got used to the climate here.（我过去住在南方。可现在我住在北方，这里的气候我还不很习惯/适应。）

学生通常是通过学习课文和做练习来掌握语言点的，这种学习的零散性很有可能造成学生在运用知识时的片面性。采用归纳法来进行语法教学时，教师先让学生接触一定数量的、具体的语言实例，学生在理解句子结构和意义的基础上，进行大量的句型训练，在适当的时候把一些零散的语言点相互关联，使其系统化、网络化，这样才能帮助学生更好地掌握和自如地运用学过的知识。例如，在归纳总结"make"这个动词时，除了说明这个词的主要用法和特点以外，还要注意归纳已经学过的习惯短语。例如，make a mistake（犯错误），make a living（谋生），make a speech（讲演），make a noise（吵闹），make a decision（做出决定），make a call（打电话），make an excuse（找借口），make a face（扮鬼脸），make a sentence（造句），make a promise（许诺），make a fire（生火），make fun of（取笑），make peace（讲和），make friends with（和……交朋友），make progress（取得进步），make...out of（从……制取），be made of/from（由……制成），be made up of（由……组成）等。

面对上述问题，教师应遵循灵活多样的原则，采用对比法和归纳法，使学生能够正确理解其差异和相互联系，以便熟练、准确地掌握和运用这些短语。

此外，教师还应特别注意学生的学习个性，充分调动其自主学习的积极性，让他们主动地学习语言点。教师在讲解语言点前，可以将教学大纲要求学生必须掌握的语言点简单地呈现出来，然后让学生利用自己的工具书对这些语言点进行预习。下一节课，教师可直接给出一些习题，让学生分组做题，与学生共同分析，评出优胜小组，最后教师再对语言点进行归纳总结。习题的形式可以多样化，如选择、造句、改错、翻译等，而且教师可以根据相关的语言点，以及语言实际应用列出重点，在学生答对后，及时进行鼓励。如此一来，学生的积极性会大大提高，同时也能帮助学生去克服英语学习的恐惧感。

"学生自主学习语言点"这种方法改变了传统的语言点教法，并教给学生一些自学的方法，逐步养成其自主学习的好习惯，使他们在主动积极的状态中打下较好的语言基本功。

四、重视语篇教学，培养学生的语篇理解能力

语篇教学是以篇章语言学理论为基础，由国外传入我国的一种较新的教学方法。它的注意力主要在"篇"，而不在"句"，目的在于培养学生通览全篇的能力。

语篇分析在阅读教学中具有非常重要的作用。从教师的角度看，由于传统理论强调从音素—字母对应、词组—句子对译关系着手，语言点讲解往往不能紧扣上下文，即不能紧扣语篇语境做全面的分析。从心理语言学角度看，阅读实际是交流的互动过程，英语阅读其实就是对语篇的积极询问，是读者与作者进行积极的双向交流活动的一个互动过程。作者通过语篇展现其信息编码，而读者通过解码来获得语篇的含义，因此，在此过程中，学生应充分发挥主观能动性。①

由于语篇教学法的重点强调以学生为主体，学生必须参与分析、推理、归纳、总结等认知过程。在教学实践中，根据篇章语言学理论，教师应主要引导学生根据标题预测大致内容，在预读的基础上回答一些启发性思考题。在正常课文教学的同时，选择学生感兴趣、融知识性和趣味性为一体的、可读性强的课外阅读材料让学生阅读，让学生感到阅读是一种享受，不是呆板地"读"，而是"欣赏"文章。教师在教学过程中要注意培养学生的阅读习惯，克服疲劳和倦怠心理，克服不良的阅读习惯。在英语教学过程中，培养学生的阅读习惯，是加强素质教育、提高英语水平的有效途径。

篇章语言学理论赋予阅读教学深刻的理论内涵，将语篇分析和阅读教学紧密联系在一起。它可以帮助学生在阅读过程中从被动转向主动，同时也可以帮助教师在教学中从单向交流转向互动交流，从而在教学中实现语言单位从句子到语篇的认识，为阅读教学提供了具体方法上的借鉴。

上述表明了语篇在交际中的重要性，即它在交际中有时比句子的准确性更为重要。句子层次的语言训练是为语篇层次做准备，缺少这种准备，语篇水平上的交际就无法进行。所以，阅读教学要两手抓，在打好学生语言基础的同时，一定要重视语篇教学，培养学生语篇水平上的交际能力，否则学生在交际中就会处于被动。

---

① 宫玉娟.大学英语教学模式改革创新研究［M］.吉林出版集团股份有限公司，2018.

阅读作为大学英语课程中的重要组成部分，理应担负起培养学生语篇理解能力的任务。在教学实践中，应从"衔接"与"连贯"这两个理解语篇结构的必要手段入手，了解句子之间、段落之间的相关意义及逻辑关系，使学生从中体会语言基础现象所表现的交际功能，并在语言交际的动态环境中打好语言基础。这样做不但可以使学生掌握句子和语篇结合所表达的整体意义，把握全文的篇章主题和中心思想，还可以培养和提高学生分析、归纳、综合的推断能力，通过增强他们对语篇表层衔接手段的意识和敏感度以及对深层语义关系的逻辑判断力，来获得语篇理解能力，达到获取语篇水平上交际能力的目的。

以上这四个环节是阅读教学中最关键的环节，决定着阅读课的成败。当然，除此之外的其他环节也应注意。例如，在练习阶段，教师怎样避免充当核对答案的角色等，都是非常值得研究的。此外，许多微型教学技巧，如语言的解释方式、启发式的提问、操练实践生动有趣与活泼等，都能够对阅读的教学效果起重要作用，值得广大英语教师不断地进行研究与实践。[①]

第三节　阅读教学中的修辞

大学英语阅读课本选材通常融知识性、趣味性为一体，许多文章不仅含有丰富的文化背景信息，还具有丰富与经典的语言修辞等特色。为了通过语言来领略文章所展示的西方社会，教师不仅应在讲解课文之前介绍必要的文化背景知识，还应就文章里面含有的优美与特色语言修辞现象进行分析，帮助学生在较高的层次上理解文章的语言特色，增强其语言修养。本节仅通过教学实践中的实例，对文章中的矛盾修辞法进行探讨。

一、阅读教学中的矛盾修辞

矛盾修辞法（oxymoron）是指将具有相互排斥和相互矛盾的两个概念或判断巧妙地组合在一起，从而深刻地揭示出这些事物在本质和特点上既相互矛盾又统一的特点；从表面上看矛盾修辞法是不合逻辑、自相矛盾的，但实际却运用了一个事物所包含的两种相互矛盾的因素来表达其意义，从而精准地反映出作品所要表达的复杂思想状态。

在大学英语教学中，对课文的语言特色（包括矛盾修辞法）进行必要的分析与讲解，在四、六级英语考试给大学英语教学带来某些负面影响的大背景下，加强课文语言风格分析力度，使学生能够真正理解课文的精神实质，会从另一个角度促进词汇与语法

---

① 傅力.大学英语教学理论与实践［M］.北京：中国国际广播出版社，2004.

的学习与掌握，有利于培养和提高学生的语言素质和人文素养。

英语的修辞可以分为消极修辞（Passive Rhetoric Techniques）和积极修辞（Active Rhetoric Techniques）。消极修辞主要指那些没有相对固定格式的修辞性写作技巧，它与语法、语言结构和词汇的关系密切，只是为了修辞和立意新颖的缘故，对用词做一些调整。积极修辞主要指那些有相对固定格式的修辞性写作技巧。前者无固定格式，与语言结构及词汇关系密切；后者的格式相对固定，可以分为词义修辞格（Lexical Stylistic Devices）、结构修辞格（Syntactical Stylistic Devices）和音韵修辞格（Phonetic Stylistic Devices）三大类。其中第一类词义修辞格常用的具体修辞格有 metaphor（比喻）、metonymy（借代）、personification（拟人）、irony（反语）、hyperbole（夸张）及 contrast（对照）等。而矛盾修辞法（Oxymoron）就是这一类中的一员。

使用矛盾修辞法可以产生两种强烈的修辞效果。第一，出人意料。由于两部分语义相互矛盾，合并使用有悖常理，所以以矛盾修辞强烈碰撞读者的神经思维，有意想不到的启发思维的作用，为进一步深化理解奠定了基础。例如，英语的"cruel kindness"、汉语的"真实的谎言"和"甜美的复仇"便是矛盾修辞法的具体表现。读到上述那样的矛盾词语组合，读者肯定会有出乎意料的感觉。第二，引人入胜。矛盾词语的冲击会激发读者进一步深化理解的愿望。在仔细推敲这种看似矛盾的语言表达之后，读者会发现矛盾修辞法所表示的语义矛盾不仅符合逻辑，而且可使文章更加形象生动、意蕴丰富且深刻。例如，徐志摩的《赠日本女郎》一诗：

> 赠日本女郎
> 最是那一低头的温柔，
> 像一朵水莲花不胜凉风的娇羞，
> 道一声珍重，道一声珍重，
> 那一声珍重里有蜜甜的忧愁——
> 沙扬娜拉！

这是徐志摩在陪泰戈尔游历日本时写的长诗《沙扬娜拉十八首》中的最后一首。这首玲珑之作表现了浪漫诗人的灵动与风流情怀。诗中末尾的"蜜甜的忧愁"作为全诗的诗眼，就是运用了矛盾修辞法。这里，诗人采用对立情绪产生的矛盾效果，浪漫地表达了自己的情感，可谓悠悠离愁、万种风情，一切尽在不言中。

矛盾修辞法的应用范围绝非仅限于文学语言，它渗透各种体裁的文章。比如，英国桂冠诗人阿尔弗雷德·丁尼生（1809—1892）的一句诗：

> His honour rooted in dishonour stood,
> And faith unfaithful kept him falsely true.
> 他那来源于不名誉的名誉依然如故，
> 而那并不诚实的诚实保持虚伪的忠诚。

在这句诗中，诗人巧妙运用 dishonour 修饰 honour、unfaithful 修饰 faith、falsely 修饰 true，从而形成一系列的语义对立，产生了鲜明的矛盾修辞效果。

在阅读理解解码过程中，矛盾修辞法可以产生强烈的出人意料的修辞效果。当然，在英语学习中发现，如果这种修辞效果太出人意料，往往会引起理解困难。我国古典名著《红楼梦》（*A Dream of Red Mansion*）的英译堪称译界的一个典范。这里举一个成功运用矛盾修辞法的例子，就是英译者巧用 much ado about nothing 前后矛盾的语言特点，不仅使译文与原文的风格保持一致，而且使其产生了生动活泼、诙谐讽刺与耐人寻味的效果。例如：

"You've already got one，" Baochai chuckled， "Much Ado about Nothing is just the name for you."

宝钗笑道："你的绰号早有了，'无事忙'三个字恰当得很。"

在此例中，much ado 和 nothing 的语义是相互矛盾的。译者正是巧用这一特点把对贾宝玉"终日瞎忙，无所事事"的讥讽传神地表现出来，具有画龙点睛的效果。

上述三例均形象生动地表现了矛盾修辞丰富深刻的意蕴。三例的修辞手法一样，仔细品味，寓意各异，出神入化。

二、阅读教学中的矛盾修辞分析

上述妙笔之处均源自"文学语言"，然而矛盾修辞法的应用范围绝非仅限于此，它渗透各种体裁的文章。就以《大学英语·精读》（修订本）[①] 为例，其课文经常出现矛盾修辞法。例如，much ado about nothing 的例子在大学英语里 *There's only Luck* 的一篇文章中也得到了运用：

They（The Police）were ill-tempered about what was，to them，much ado about nothing.

对这件在他们（警察）看来完全是小题大做的事，他们火气不小。

这一含有矛盾修辞法的习语语义，形象对立地揭示了惊恐万分的邻居与无动于衷的警察之间的对立的心理活动。与英译本《红楼梦》中 much ado about nothing 的运用相比，两者可谓有异曲同工的效果。

又如，课本第一册第五课 "A Miserable，Merry Christmas"，其标题本身就运用了矛盾修辞法。按照正常思维模式，和"新年快乐""春节快乐"一样，圣诞节也必然是快乐的。然而，miserable 和 merry 语义对立使其具有丰富与深刻的含义。圣诞节那天，故事中的小主人公经历了从痛苦的边缘到幸福的顶峰的过程。通读该课文可以深切感受到这次圣诞节既是最糟的亦是最好的。至此，我们完全理解了小主人公的"大悲"，也完全理解了他的"大喜"。

在阅读理解解码过程中，矛盾修辞法可以产生出强烈的出人意料的修辞效果。然而在教学实践中，必须进行适当讲解，否则将会引起学生的理解困难。例如，课本第二册第一课 "Is There Life on Earth？" 末尾有这样一句话：

Prof. Zog，why are we spending billions and billions of zilches to land a flying saucer on Earth when there is no life there？

① 丁兆敏，巫漪云，屠绚强．大学英语．精读［M］．上海：复旦大学出版社，1994．

佐格教授，既然地球上无生命，那我们为什么还要花亿万个美元向那里发射火箭呢？

大家对此句中 billions and billions of zilches 这种前后矛盾的表达方式茫然不解，很难体会到其幽默与讽刺的语气。究其原因，主要在于大家对矛盾修辞法不甚熟悉，对 billions 和 zilches 语义对立所产生的"出人意料"的修辞效果不理解，结果只抠字面意思。根据课文内容，作者看似在谈论金星人严肃的科技活动，实际上作者是借金星人之口用幽默的语言暗讽地球污染过于严重。[①]

---

① 李焱.大学英语课堂教学的理论与实践探索［M］.北京：光明日报出版社，2018.

参考文献

［1］陈美华，郭锋萍，朱善华，等.大学英语"研究型"课程理论与实践　大学英语教学模式与课程建设研究［M］.南京：东南大学出版社，2013.

［2］陈品，赵文通.大学英语教学理论与实践（2014）［M］.天津：南开大学出版社，2015.

［3］陈品主，侯平英.大学英语教学理论与实践［M］.天津：南开大学出版社，2013.

［4］窦国宁.创客教育理念下的大学英语教学理论与实践［M］.北京：企业管理出版社，2019.

［5］冯莉.大学英语语法教学理论与实践［M］.长春：吉林出版集团股份有限公司，2009.

［6］傅力.大学英语教学理论与实践［M］.北京：中国国际广播出版社，2004.

［7］宫玉娟.大学英语教学模式改革创新研究［M］.长春：吉林出版集团股份有限公司，2018.

［8］国伟秋.大学英语语音教学理论与实践［M］.长春：吉林出版集团股份有限公司，2009.

［9］黄林林.MOOCs资源与大学英语课程教学　理论·技术·实践［M］.北京：外语教学与研究出版社，2017.

［10］姜涛.大学英语写作教学理论与实践［M］.长春：吉林出版集团股份有限公司，2009.

［11］蒋云华.网络环境下大学英语写作教学理论与实践［M］.昆明：云南大学出版社，2012.

［12］孔丽芳.大学英语课堂教学艺术与应用实践［M］.北京：九州出版社，2018.

［13］李红霞.大学英语教学研究［M］.天津：天津科学技术出版社，2017.

［14］李焱.大学英语课堂教学的理论与实践探索［M］.北京：光明日报出版社，2018.

［15］卢桂荣.大学英语教学研究　基于ESP理论与实践［M］.北京：光明日报出版社，2013.

［16］陆巧玲，周晓玲.网络环境下大学英语教学改革理论与实践［M］.上海：上海交通大学出版社，2012.

［17］任梅.新时代大学英语教育教学理论与实践研究［M］.成都：四川大学出版社，2018.

［18］佟敏强.大学英语阅读教学理论与实践［M］.长春：吉林出版集团股份有限公司，2009.

［19］王瑞.大学英语听力教学理论与实践［M］.长春：吉林出版集团股份有限公司，2009.

［20］王晓玲，曹佳学.跨文化大学英语教学理论与实践［M］.成都：西南交通大学出版社，2015.

［21］吴丹，洪翱宙，王静.英语翻译与教学实践［M］.长春：吉林人民出版社，2017.

［22］邢新影.大学英语口语教学理论与实践［M］.长春：吉林出版集团股份有限公司，2009.

［23］严明.评价驱动的大学英语课程教学管理理论与实践［M］.哈尔滨：黑龙江大学出版社，2012.

［24］杨振宇，陈高娃.大学英语教学理论与实践研究［M］.北京：中国纺织出版社，2017.

［25］于晶.大学英语课堂环境构建理论探究［M］.长春：吉林人民出版社，2017.

［26］张敏.大学英语教育教学理论与实践探究［M］.北京：中国商业出版社，2018.